PRINZ RUDOLF ZUR LIPPE

KULTUR DER STILLE

KARLFRIED GRAF DÜRCKHEIM

EIN LEHRER DES ZEN IM WESTEN

KULTUR DER STILLE

KARLFRIED GRAF DÜRCKHEIM

EIN LEHRER DES ZEN IM WESTEN

HERAUSGEGEBEN VON
PRINZ RUDOLF ZUR LIPPE

N.F. WEITZ VERLAG

Andere Bücher aus unserem Verlagsprogramm finden Sie
am Schluß des Buches verzeichnet

Umschlag: Karlfried Graf Dürckheim,
Ausschnitt aus Abbildung S. 53

Abbildungen im Innenteil:
Originalwerke von Karlfried Graf Dürckheim
31 x 47 cm, Tuschezeichnungen
Abbildung S. 121: 21 x 31 cm

**Gedruckt mit Unterstützung des Fördervereins
japanisch-deutscher Kulturbeziehungen e.V., Köln (JaDe)**

Die Deutsche Bibliothek – CIP-Einheitsaufnahme

Kultur der Stille – hrsg. von Rudolf Prinz zur Lippe.
– Aachen: Weitz, 1997
Enth.: Karlfried Graf Dürckheim – ein Lehrer des Zen im Westen
ISBN 3-925177-41-8
NE: zur Lippe, Rudolf Prinz. [Hrsg.]; zur Lippe, Rudolf Prinz:
Karlfried Graf Dürckheim – ein Lehrer des Zen im Westen

Umschlaggestaltung: Ricarda Alexander, Hamburg
Fotosatz: Walter Hörner, Aachen
Druck und Bindung: Fuldaer Verlagsanstalt

ISBN 3-925177-41-8

Inhaltsverzeichnis

Foto: Louise C. Oldenbourg

Karlfried Dürckheim

Geleitwort

Denken an Graf Dürckheim

Graf von Dürckheim wurde zum Wegbereiter, indem er erkannte, daß die Weisheit asiatischer Kultur und Zivilisation und die Weisheit des Westens zueinandergehören.

Ich selbst empfinde eine tiefe Dankbarkeit, wenn ich an Graf Dürckheim denke; denn ich weiß, ich lebe mit seiner Einsicht, daß der Leib die Inkarnation von Verstand, Gefühl und Geist ist. Es ist ein Glück für mich und unsere Kultur, daß er darüber, eben doch nur eine Einsicht zu haben, hinausgegangen ist zu der Fähigkeit und dem Mut, ihre Bedeutung für den Westen anzuerkennen. Dies hat er uns durch seine Bücher, seine Lehre und durch seine Gründung der Gemeinschaft wie der Einrichtung von Rütte überhaupt gezeigt. Dieses neue Verständnis bedeutet, durch das Bewußtsein und durch den Leib, den Atem zugleich üben zu können – durch den Leib das Bewußtsein und durch das Bewußtsein den Leib zu bilden, beide annehmend und umbildend.

Graf Dürckheim übte einen starken Einfluß auf mich aus, als ich sein Buch über *hara* in den frühen Tagen meiner Zenpraxis las. Er schrieb mit solcher Überzeugtheit und Klarheit, daß *hara* im Schreiben gegenwärtig war. Innerhalb der ersten Seiten, sicher innerhalb des ersten Drittels des Buches, verstand ich: Nicht im Kopf ist das Bewußtsein – dieses gleichzeitige Wissen von Getrenntheit, Verbundenheit und Dauer. Und der Ort seiner tiefsten Einheit liegt im *hara*, im unteren Bauchraum. Wenn wir aus dem *hara* uns bewegen und leben, entdecken wir, welch festen Halt Verbundenheit und Dauer finden können; wir entdecken eine tief verwurzelte Anwesenheit. Dies ist ein unvergleichliches Geschenk, das er uns durch seine Lehre und seine Bücher gemacht hat.

Selbstverständlich wußte ich das gedanklich aus meiner

eigenen Zen-praxis, aber es erfaßte mich nicht tief genug, um Vertrauen in seine Übung zu haben. Es bedurfte der Beschreibung eines westlichen Menschen von seiner eigenen Erfahrung, um dies wirklich in mir heimisch werden zu lassen.

Graf Dürckheim war ein Pilger dieser neuen Bewußtheit vom Leib auf dem Wege in den Westen. Ein Leib zu sein ebenso wie ein Bewußtsein, ist nicht neu; aber wie wir dies gewahr werden, ist neu. So neigten wir vor Dürckheim dazu zu sagen, ich habe einen Körper; nach dem Verständnis von *hara* neigen wir dazu zu sagen, ich bin ein Leib.

Sein Buch war einer der Ausgangspunkte, von denen her wir im Westen eine Veränderung begannen, mit der wir erkennen, daß wir ein Geist-Körper sind (›bodymind‹). Er hat uns erwachen lassen zu einem stillen Verständnis des Leibes – und zum stillen Verständnis der Welt der Erscheinungen. Und er sah den Weg, diese Weisheit, diese Einsichten, diese Erfahrung und dies Wissen in die westliche Welt von Christentum und Psychologie zu übertragen.

Geste ist die Bewegung von Leib und Geist. Kalligraphie fließt im Geist und in der Geste. Haben Sie je bemerkt, daß gelegentlich, wenn wir etwas aufschreiben, das wir ganz klar im Bewußtsein hatten, die einfache Handlung des Schreibens etwas wachruft, das wir zu einer Liste hinzufügen, oder zusätzliche Sätze oder umfassendere Beschreibungen – Dinge, die nicht in unserem Bewußtsein zu sein scheinen, aber nun unter der Führung der Hand und durch die Geste des Schreibens entdeckt werden?

Dies ist das Wesen der Kalligraphie. In der Geste kommt etwas zum Ausdruck, besonders durch ein so empfindsames und heikles Werkzeug wie einen Pinsel schwer von Tinte. Etwas kommt zum Ausdruck, das größer ist, als was bewußt oder visuell beabsichtigt wird. Etwas wird geöffnet auf die Fläche und dort besiegelt; es wartet auf uns. So lädt Graf Dürckheim uns ein in diesen letzten Gesten seines Lebens.

Zentatsu, Richard Baker

Vorwort

Anlass und Mitte dieser Erinnerung sind die Pinselzeichnungen aus den letzten Jahren von Graf Dürckheim. Sie entstanden unter den Händen des kaum noch Sehenden und sind so das innigste Zeugnis dieses weithin wirkenden Lebens in seinem eigensten Erleben. Nach seinem Tode übergab mir Gräfin Dürckheim die ausgewählten Blätter dieses kleinen Konvoluts. Ihrem Leben und Wirken hatte ich wenige Jahre zuvor die eingehende Arbeit gewidmet, aus der in der POIESIS die erste Würdigung des geführten Zeichnens in der Einheit mit der Lebensgeschichte von Dr. Maria Hippius als gemeinsame Veröffentlichung entstand. Mein Dank für die Pinselzeichnungen war umso selbstverständlicher die Verpflichtung, andere Menschen an diesem Zeugnis teilhaben zu lassen.

Anschauung wirkt aus sich. Das gilt für jede Äusserung der profansten Kunst, wieviel mehr für die einer Schau des Transzendenten. Dennoch mag es von Bedeutung sein zu wissen, dass diese Zeichnungen auch lebensgeschichtlich davon Zeugnis geben, wie unser Sehen von innen zu kommen vermag. Als Graf Dürckheim schon im Zeichen von Alter und Siechtum wieder zum Pinsel griff, konnten seine Augen kaum mehr die Ränder des Blattes ermessen. Nur wie ein Leben lang die Hand zwischen äusserem und innerem Sehen geführt worden war, konnte die Sicherheiten geben, aus denen immer neu an den vertrauten Vorbildern von Bambus und Kreis neue Gestalten hervortraten. So hat das Spiel zwischen zeitlos Vertrautem und augenblicklicher Vergegenwärtigung die freieste Wirkung gewonnen. Dass sie mit der strengsten Folge der Formen verbunden ist, wird nur überraschend finden, wer nicht erfahren hat, wie tief geistige Schau und leiblicher Ausdruck, Sinnenform und Transparenz ineinander gehören.

Nach drei Jahrzehnten, in denen ich zunächst ein Aufnehmender, dann ein Schüler und insgesamt ein Vertrauter wurde, bedeuten mir diese letzten Blätter vor allem den bildhaften Zugang zu zwei Fragen. So, wie aus den verschiedenen Epochen des Malens von Bambus und Kreis diese Zeichnungen durch den Blick der geschlossenen Augen, gewissermassen, Gestalt angenommen haben, vergegenwärtigen sie eine Lebensgeschichte und ein Lebenswerk, die heute viele schon nicht mehr aus der eigenen unmittelbaren Begegnung erleben. Zugleich tritt in ihnen die traditionelle Übung des Fernen Ostens als Geste eines westlichen Menschen hervor und zeugt von der Aufgabe, die Graf Dürckheim wie weinige andere als den Weg eines ganz neuen Selbstverständnisses der Kulturen begriff.

Entsprechend wäre auch die andere Frage nicht zu entscheiden. Hat hier eine Seele Bilder der sichtbaren Welt ein Leben lang verinnerlicht oder hat sich die Wahrnehmung so unbedingt dem Äusseren anverwandelt? Was da untrennbar zu einander gekommen ist, bildet ein Drittes zu den Gegensätzen. Es geht nicht um Subjekt und Objekt. In dem Sinn ihrer Begegnung sind beide anwesend und aufgehoben zugleich.

Dies kann sich als Gedanke und als Bild und als Erfahrung mitteilen. Die Figur gehört jedenfalls als Tradition und grundlegendes Bewusstsein der Geschichte des Ostens an. Dass diese im Westen und durch diesen westlichen Menschen eine neue, und freilich auch eigene, Wirklichkeit erfährt, ist eigentlich, was sowohl diese Zeichnungen wie auch die Lehre von Karlfried Graf Dürckheim zur Mitte dieses ausgehenden Jahrhunderts erstaunlich machte und für den Beginn des nächsten zu einer der wesentlichen Vorleistungen. Deshalb gehören zur Betrachtung dieser Blätter, die vor den früheren Dürckheims nur eine noch vertiefte Konzentration auszeichnet, Betrachtungen ihrer Zusammenhänge auch mit der Zeitgeschichte. Carl Friedrich von Weizsäcker schreitet den Horizont aus, vor dem Dürckheim in einem Augenblick ein völlig verändertes Bild entwarf. Ich danke ihm, dass er sofort nach der Rückkehr aus Japan bereit war, seine Rede zur Eröffnung des Institute of Advanced Study in Kyoto für diese Würdigung von Graf Dürckheim zur Verfügung zu stellen. In einem Brief zu der Übernahme meiner Professur schrieb dieser 1975: «Ich war dieses Jahr zweimal in Indien, habe freilich dort erfahren, dass in unserer Zeit das Licht nicht mehr aus dem Osten kommt, sondern aus dem Westen kommen muss. Es geht auch dort bereits um die Begegnung mit den Gefahren einer technokratischen Entwicklung. Und zu diesem Thema und seiner Lösung durch das Fruchtbarmachen einer aus der Erfahrung, nicht nur in der Tradition verankerten Religiosität haben heute *wir* das Wort.»

Die Frage nimmt uns alle konventionellen Sicherheiten, befreit uns von deren bornierenden Schranken und öffnet eine Weltweite unserer geistesgeschichtlichen Verantwortung. Ich begreife dieses Wort von Dürckheim als Dialog der Menschheit aus ihren verschiedenen Traditionen für diese «Fruchtbarmachung» und verstehe unsere Begegnung mit den Traditionen des Ostens als einen Weg, uns für diesen Dialog mit den anderen wie mit dem Leben selbst bereit zu machen. Das Richard Baker-*roshi* dazu uns sein Wort mitgibt auf den Weg, ist eine besondere Freude und ein besonderes Zeichen in diesem Geiste.

Gerade in dieser Weite kann der Weg aber nur als eigenste Erfahrung gelebt werden. Dies wird an den Zeichnungen sichtbar durch Wolfram Helkes Sinnenbewusstsein vom leiblichen Ausdruck durch den Pinsel.

Dass im Westen Zen sich verwandeln muss, hat Dürckheims *roshi* immer betont und dem Mittler zur Aufgabe gemacht. Wie sich dies in der Pinselführung und in der Veränderung der Motive verwirklicht, lässt sich nur aus dem Wissen von der japanischen Tradition und der Erfahrung des Künstlers selbst bestimmen. Beides kennt Wilfried Seeba glücklich genug, dass seine Antworten auf die Zeichnungen diesen Band abschliessen sollen.

Wer sich selbst und andre kennt,
Wird auch hier erkennen:
Orient und Occident
sind nicht mehr zu trennen

Sinnig zwischen beiden Welten
Sich zu wiegen lass' ich gelten;
Also zwischen Ost und Westen
Sich bewegen, sey's zum besten!

Johann Wolfgang von Goethe

In diesem Sinne, denke ich, hat der Förderverein japanisch-deutscher Kulturbeziehungen, Köln den Druck dieses Bandes mit einem namhaften Zuschuss unterstützt. Er ist zugleich gedacht als Begleiter für die Ausstellung der acht Zeichnungen, die das erste Mal anlässlich der Feiern zum hundertsten Geburtstag von Graf Dürckheim gezeigt wird.

Prinz Rudolf zur Lippe, Hude

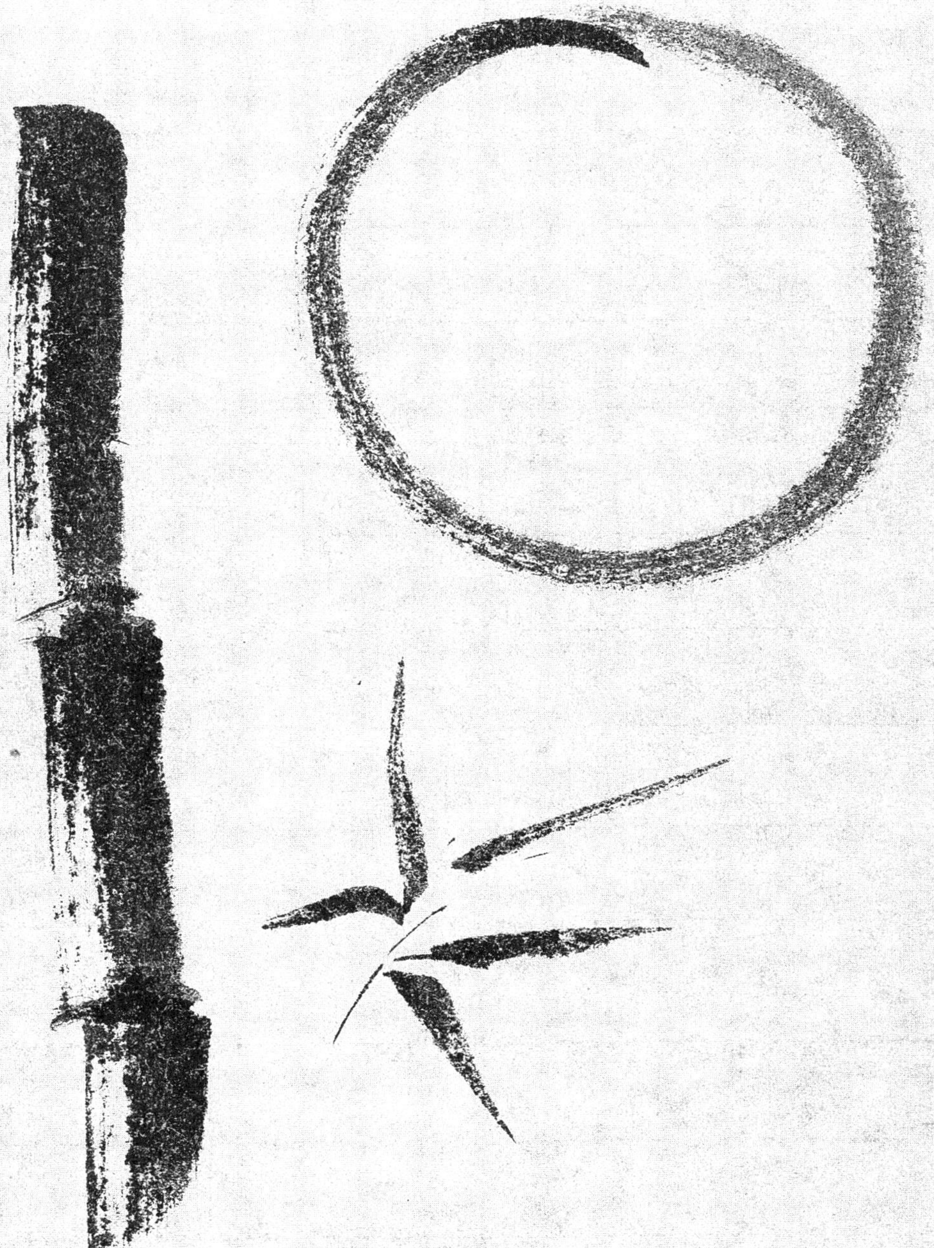

Carl Friedrich v. Weizsäcker

Westlicher und östlicher Geist

I. Die gegenwärtige Situation

Die Menschheit befindet sich heute in einer raschen Änderung ihrer Lebensbedingungen.

Überall auf der Erde wird das praktische Leben zunehmend von der Technik beherrscht, und das intellektuelle Leben zunehmend von der Wissenschaft. Gewiss haben die beiden dominierenden Mächte ihre Partner und Konkurrenten. Im praktischen Leben stehen der Technik die Wirtschaft, die sozialen Strukturen und Bewegungen und die Politik als Partner oder auch als Machtkonkurrenten gegenüber. Im geistigen Leben begegnen der Wissenschaft die traditionellen Überzeugungen der verschiedenen Kulturen, insbesondere der Religionen, und ihr begegnen heute Ansichten über die wünschbare Zukunft, die von politischen Doktrinen bis hin zu Glaubenslehren von Sekten reichen. Aber alle diese Partner sind untereinander verschieden, gewiss auch verschieden im Westen und Osten; Technik und Naturwissenschaft aber sind über unseren ganzen Planeten hinweg weitgehend einheitlich. Zudem ist die Struktur der heutigen Ökonomie weitgehend durch die Technik bestimmt, die Sozialstruktur durch die Ökonomie, und die politischen Probleme durch die Sozialstruktur. Intellektuell verlieren zudem die traditionellen Überzeugungen mehr und mehr ihren Einfluss, teils durch die wachsende Wirkung der Medien wie Radio und Fernsehen. Selbst politische Doktrinen erleiden einen Verlust an ihrer Glaubwürdigkeit; und Minoritäten werden leicht Sektierer.

Worin also wurzelt die Natur und Macht der Wissenschaft und Technik?

Die Naturwissenschaft und die moderne Technik, die ohne die Naturwissenschaft nicht möglich gewesen wäre, beide sind Produkte der modernen europäischen und, zunehmend, nordamerikanischen Zivilisation. So sind sie, von Japan aus gesehen, und in den Augen der Mehrheit der Menschheit, die in Asien lebt, Produkte des westlichen Geistes.

Die grossen Kulturen von Asien sind historisch älter als die europäische Zivilisation: insbesondere diejenigen von Indien und China, aber auch die von Mesopotanien und Ägypten. Heute aber herrschen einige westliche Denkweisen auch in asiatischen Zivilisationen, nicht nur in der Form von Wissenschaft und Technik. Japan ist heute die einzige nichtwestliche Weltmacht, wenigstens im Felde einer Ökonomie, die eine Struktur voraussetzt, welche man als Technokratie bezeichnen könnte. China wird heute noch vom Kommunismus beherrscht, der eine westliche politische Doktrin ist, und beginnt zunehmend von der ebenfalls westlichen Marktwirtschaft bestimmt zu sein, von einem jungen Kapitalismus. In Indien funktionieren seit den Tagen der Unabhängigkeit, wenngleich mit Krisen, die aus England importierte Struktur der parlamentarischen Demokratie und eine eher kapitalistische Wirtschaftform. Die islamischen Nationen haben ihre einstmalige Überlegenheit über Europa seit dem Spätmittelalter fortschreitend verloren, und zwar als Folge der überlegenen militärischen Technologie des Westens; heute suchen sie wirtschaftliche Macht durch das Öl und streben machtförmigere politische Strukturen an.

In allen asiatischen Nationen besteht ein natürlicher Widerstand gegen diese neuzeitliche Dominanz des Westens. Ein naheliegender Lösungsversuch ist die Tendenz, ein gleichrangiger Partner im westlichen System zu werden. Dies ist Japan im einflussreichsten Bereich, in der Wirtschaft, gelungen. Für die kommenden Jahrzehnte würde ich eine ähnliche

Chance wirtschaftlicher Partnerschaft nur China und, weniger machtvoll, Korea zuschreiben.

Aber gleichzeitig lebt die Tendenz eines geistigen Widerstands gegen das westliche System. Der Kommunismus in Russland, China und vielen südlichen Ländern war eine selbst westliche Form eines solchen Widerstandes; sein Verlust an Überzeugungskraft im letzten Jahrzehnt ist selbst eine innerwestliche Krise. Eine andere, ursprünglichere Form geistigen und auch politischen Widerstands ist die Rückwendung zur eigenen Tradition. Politisch ist dies vielleicht am stärksten, als revolutionäre Kraft, im islamischen Fundamentalismus. Aber meiner Überzeugung nach gibt es wichtigere und weniger revolutionär auftretende Weisen einer solchen geistigen Rückkehr in allen Teilen Asiens.

Gleichzeitig aber ist der westliche Geist nur sehr partiell befriedigt durch seine eigenen modernistischen Prinzipien. Zerstören wir vielleicht, unbewusst und eben darum unausweichlich, unser eigenes Leben durch die wachsende Technologie? Zerstören wir unsere eigene Gesellschaft, vielleicht am Ende die Menschheit und alle Lebewesen auf der Erde? Versteht die Naturwissenschaft in ihrer modernen technischen Orientierung noch das wahre Wesen der Natur? Entspricht unser modernes Denken noch der Absicht, der es einst entsprungen ist? Oder war Naturwissenschaft schon seit ihren Anfängen ein Streben nach absoluter Macht? Und ist unsere westliche Zivilisation fähig zur Selbstkorrektur? Oder sollten wir uns nicht an die östlichen Kulturen wenden, um sie zu fragen, um von ihnen zu lernen? In Europa und Nordamerika gibt es wachsende religiöse Gruppen, die grundlegend von der Tradition Indiens beeinflusst sind. Und die japanische Spiritualität hat westliche Intellektuelle tief beeindruckt, zumal durch den Zen-Buddhismus.

Diese Fragen der Gegenwart lenken mich in eine Betrachtung der Vergangenheit, der Herkunft des westlichen Denkens.

II. Ursprung und Geschichte des westlichen Denkens

Wie unterschied sich der westliche Geist vom Geiste des Ostens schon in seinen Anfängen? Wie wuchs dieser Unterschied in seiner weiteren Entwicklung? Wie wurde der westliche Geist verschieden von sich selbst? Vielleicht selbstwidersprechend?

Drei Quellen des westlichen Denkens möchte ich unterscheiden: bei den Griechen, bei den Juden, im römischen Reich. Ferner können wir drei historische Übergänge in ihm wahrnehmen. Zuerst, als diese drei Quellen zu strömen begannen, in einer älteren, andersartigen kulturellen Umgebung – historisch um den Beginn des letzten vorchristlichen Jahrtausends. Zweitens, als sie sich zu einem grossen Strom vereinigten, im Laufe weniger Jahrhunderte rund um die Zeit Christi. Drittens, im Anfang der westlichen Neuzeit, die sich, höchst charakteristisch, selbst als eine Wiedergeburt verstand, unter den Nahmen der Renaissance oder der Reformation.

Die griechische Quelle. Ich empfinde die alten Griechen als die begabteste Nation, die je auf dieser Erde gelebt hat. Politisch kämpften sie immer miteinander, wie es Hochbegabte so oft tun. In den Künsten, zumal in der Plastik und der Poesie, erzeugten sie die wunderbarsten Werke. Intellektuell lernten sie gewiss von der orientalischen Kultur, von Ägypten, von Babylon, indirekt auch von Indien. Aber ihr eigener Entwurf, gipfelnd in ihrer Philosophie, hat eine einmalige Gestalt durch seinen gemeinsamen Ursprung mit der deduktiven Mathematik. Hier ist der Ursprung dessen, was ich gelegentlich das spezifische Geschenk der Griechen an die Menschheit genannt habe: der scharfen Unterscheidung und Gegenüberstellung von Wahr und Falsch. Die Logik ist die Wissenschaft vom Ursprung und der Anwendung dieser Unterscheidung.

Aber in dieser Ja-Nein-Unterscheidung liegt eine Quelle unserer Probleme. Wenn ich mit Vertretern der indischen oder der japanischen geistigen Tradition redete, sagten mir Sprecher beider Traditionen: «Ihr Europäer, der Ursprung eurer Macht in der äusseren Welt und daher der Zerstörung, die ihr durch diese Macht anrichtet – dieser Ursprung liegt in eurem Aberglauben an die aristotelische Logik.» Nun, als ich selbst westliche Philosophie zu lehren hatte, las ich Platon. In seiner Philosophie kann das höchste Sein, genannt das Eine oder die Idee des Guten, nicht mehr in der zweiwertigen Logik von Wahr und Falsch beschrieben werden. Als ich darüber mit Indern sprach, antworteten sie: «Freilich, Platon war natürlich nach Indien gekommen und hatte das dort gelernt.» Ich bezweifle, dass diese indische Antwort historisch korrekt war. Ohne Zweifel haben hier die platonische und die indische Philosophie einen tiefsten gemeinsamen Gedanken. Aber für Platon wird dann das Eine, wenn es in die unabgegrenzte Zweiheit der Bewegung (kinesis), d.h. in die Zeit eintritt, eine Struktur entwickeln, die in guter Näherung durch die Mathematik beschrieben werden kann. Hiermit befinden wir uns im Westen.

Die jüdische Quelle. Als das spezifische Geschenk der Juden an die Menschheit empfinde ich die scharfe Unterscheidung und Gegenüberstellung von Gut und Böse. Natürlich kennen alle Kulturen den moralischen Unterschied dessen, was wir tun sollen und was wir nicht tun sollen. Dies ist im allgemeinen eine Gesamtheit überlieferter Sitten. Wer nach deren Rechtfertigung fragt, hat meist schon an ihrer Gültigkeit zu zweifeln begonnen. Die Juden verstehen sich selbst als ein Volk, das von Einem Gott geschaffen ist, um sein Gesetz zu befolgen und damit das Gute zu tun. Dieses Gebot Gottes rechtfertigt das moralische Gute. Sie lernten dann, ihn als den einzigen wahren Gott zu verehren und zu glauben, dass er auch die Welt geschaffen hat. So tritt die Geschichte, also die Zeit, als fundamentale Wirklichkeit ins menschliche Bewusstsein: als die Geschichte dieses Volkes, als die Geschichte dieser geschaffenen Welt, und – da dieses Volk nun seit mehr als zwanzig Jahrhunderten unter Exil und Verfolgung gelitten hat – als seine Hoffnung auf ein Ende der Geschichte zur Rettung des Volkes und der Menschheit auf dieser Erde, aber unter dem Gleichnisbild eines neuen Himmels und einer neuen Erde.

Jesus war der Sohn der Juden, der die Menschheit am umfassendsten und am tiefsten bewegt hat. Seine Reden, so die Bergpredigt und die Gleichnisse, empfinde ich als die tiefste und, ich wage zu sagen, die vernünftigste ehtisch-religiöse Wahrheit, die mir je begegnet ist. Er starb für diese Wahrheit, und seine Gegenwart wirkte durch zwei Jahrtausende christlicher Geschichte hindurch, als ständige Ermutigung und immer auch als ständige Selbstkritik seiner Kirche.

Die römische Quelle war wohl die am wenigsten originelle. Imperien hat es nun seit rund sechstausend Jahren in der Geschichte der Menschheit gegeben. Aber das römische Reich nahm in seine geistige Welt das griechische Denken und den christlichen Glauben auf und fügte zu ihnen eine dauerhafte politische Struktur. Römisches Recht wurde ein zentraler Teil aller westlichen sozialen Ordnung bis zum heutigen Tag. Damit waren nun drei Quellen zu einem Strom vereinigt.

Der dritte Übergang, Renaissance und Reformation, führt in wenigen Jahrhunderten in die heutige Modernität. Als den intellektuellen Kern dieser Neuzeit möchte ich die Aufklärung *(les lumières, enlightenment)* bezeichnen. Der deutsche Philosoph Immanuel Kant definierte Aufklärung als den Ausgang des Menschen aus seiner selbstverschuldeten Unmündigkeit. Ich möchte diese Definition im Licht der Geschichte des westlichen Denkens interpretieren.

Wenn Kant recht hat, so war der westliche Geist vor der Ära der Aufklärung nicht erwachsen, und diese Unmündigkeit war selbstverschuldet. D.h. er besass die notwendigen Lehren, aber er war nicht willens, sie in der Wirklichkeit anzuwenden. Was bedeutet das im Blick auf die drei Quellen?

Zuerst schaue ich nun auf die jüdisch-christliche Quelle. Jesus lehrte: «Liebe deinen Nächsten wie dich selbst» (Matth. 19, 19). «Liebet eure Feinde, segnet, die euch verfluchen, tut Gutes denen, die euch hassen, und betet für die, die euch verfolgen.» (Matth. 5, 44). Im Grunde ist dies die schlichte Vernunft. Das gegenseitige Morden der Menschen kann erst enden, wenn sie dieser Wahrheit zu folgen lernen; dieser Friede ist ein tieferer Segen als jeder Sieg. In nicht mehr als zweieinhalb Jahrhunderten wurden die Christen, welche das Opfer für den vergötterten Kaiser verweigerten und dafür zu sterben bereit waren, die überzeugendste und zuverlässigste Minorität im römischen Reich. Der Kaiser Konstantin erkannte das und machte das Christentum zur Reichsreligion. Aber die Kirche wurde in dieser ihrer neuen Machtposition ein Machtapparat wie viele andere. Das ist leicht zu verstehen, aber es war selbstverschuldete Unmündigkeit gegen die Lehre Jesu. In allen Jahrhunderten gab es in der Kirche eine Opposition gegen dieses ihr Machtsystem, mit Reformationen und neuen Rückfällen. Dann, in der Französischen Revolution, sprach die Aufklärung die christliche Hoffnung als politische Forderung aus: Freiheit, Gleichheit, Brüderlichkeit. Aber auch die Revolutionen fielen in den unmündigen Machtgebrauch zurück. Der Weg ist nicht leicht zu gehen.

Nun die griechische Quelle. Zunächst wurde die griechische Philosophie, Stoa oder Platonismus, die Religion der Intellektuellen im römischen Reich. Als an die Stelle dieser Religion das Christentum trat, hatten die christlichen Theologen längst die Sprache der griechischen Philosophie als einziges spätantikes Medium geistiger Verständigung gelernt. Platon wurde als der «griechische Moses» beschrieben, als ein Vorläufer Christi. Die neuplatonische Philosophie wurde die Sprache der christlichen Mystik. So konnten die tief verwandten mystischen Erfahrungen des Westens und des Ostens in einer Sprache ausgedrückt werden, die schliesslich meine indischen Freunde als ihre eigene anerkennen konnten. Aber Platon war nicht nur ein Mystiker und ein Politiker, sondern auch ein Philosoph der Mathematik, und der exakten Naturwissenschaft. Aristoteles entwickelte die Wissenschaft von der Natur wie die Wissenschaft vom Menschen in empirischer Breite. Das europäische Mittelalter nahm dann, um das Jahr 1200, die aristotelische Philosophie auf und tat so einen ersten Schritt zur wissenschaftlichen Aufklärung. Aber damals, in der Scholastik, wurde die Philosophie genötigt, zwei Arten der Wahrheit anzuerkennen. Sie nannte die eine die natürliche Vernunft, was tatsächlich die griechische Philosophie war, die andere aber Offenbarung, was tatsächlich die jüdisch-christliche Tradition war. Ein notwendiger Schritt auf die Aufklärung zu, aber noch nicht erwachsen.

Der intellektuelle Triumph der Naturwissenschaft begann in Europa um das Jahr 1600, heute erst vor vierhundert Jahren. Ich nenne die Naturwissenschaft gerne den harten Kern der Neuzeit. Den harten Kern: nicht das höchste Ziel, nicht die süsseste Frucht, auch nicht die nahrhafteste Frucht, aber den Kern, der hart und unzerstörbar übrigbleibt, wenn die Frucht verzehrt ist. Hart wie die beweisbare Wahrheit, dass zweimal zwei genau vier ist und weder drei noch fünf. Diese Erfüllung des griechischen Wunsches, klar Wahr und Falsch zu unterscheiden, lässt sich freilich streng nur in den einzelnen Resultaten finden, die empirisch und mathematisch überprüft werden können, und auch in der logischen Struktur der Theorien, die diese Resultate verknüpfen. Der genaue Sinn der hierbei benutzten Begriffe bleibt jedoch geheimnisvoll; die Philosophien, die diese Begriffe interpretierten, haben sich von Jahrhundert zu Jahrhundert verändert.

Wir wollen kurz einige Details dieses Vorgangs betrachten. Die Naturwissenschaft ging historisch von der Astronomie durch die klassische Mechanik in das weite Feld der Physik und Chemie über, dann in der Biologie in die Theorie der Evolution, schliesslich als ein starker, wenigstens methodischer Einfluss, in die Sozialwissenschaften. Dies sieht wie ein Triumphzug aus. Aber ich zitiere gerne Sigmund Freud, der gesagt hat, die Wissenschaft habe dreimal den Stolz der Menschen tief verletzt: Kopernikus lehrte uns, dass wir nicht in der Mitte der Welt leben, Darwin lehrte uns, dass wir nicht die Herren, sondern die Vettern der Tiere sind, die Psychoanalyse lehrte uns, dass unser Bewusstsein nicht Herr im eigenen Hause ist.

Ein paar philosophische Bemerkungen zu dem Vorgang.

Astronomie und Mechanik. Die Griechen wussten schon, dass die Erde eine Kugel ist; sie vermuteten, diese stehe in der Mitte der Welt. Sie wussten, dass die Planeten mathematisch genaue Bahnen durchlaufen. Daraus schloss Platon, dass die Planeten intelligente Wesen seien: wie sonst hätten sie die intellektuellen Gesetze der Mathematik befolgen können? Kopernikus, Kepler, Newton zeigten, dass die Planeten um die Sonne kreisen, wobei sie die mathematischen Gesetze der universellen Mechanik befolgen. Kant zeigte, dass das Planetensystem selbst aus einem Nebel gemäss diesen Gesetzen entstehen konnte. Wo bleibt dann der göttliche Geist? Kant meinte: Höher als ein Gott, der Naturgesetze gab und sie dann durchbrechen musste, um die Ordnung des Planetensystems zu schaffen, ist ein Gott zu bewundern, der Naturgesetze gab, nach denen das System notwendigerweise entstehen musste.

So wird die Evolution zu einem Grundbegriff. Nach und nach lernen wir heute, die Geschichte der Natur zu beschreiben. Das Sonnensystem ist etwa fünf Milliarden Jahre alt; dem Universum geben wir heute vermutungsweise ein Alter von rund zwanzig Milliarden Jahren. Das Leben auf der Erde hat sich aus chemischen Anfängen entwickelt. Wir geben den Wirbeltieren jetzt ein Alter von rund 500 Millionen Jahren, dem Menschen wenige Millionen Jahre, dem Ackerbau etwa 10.000 Jahre, der höheren Zivilisation 6000 Jahre. Welche werden die nächsten Schritte auf diesem Wege sein?

Physik und Chemie. Heute sind sie in *einer* Theorie, der «Quantentheorie» vereinigt. In dieser Theorie sind Atome nicht einfach raumerfüllende Materie. Ihr Wesen ist eher als Information zu beschreiben. Information kann man als ein Mass einer Menge von Gestalt definieren. Gestalt ist ursprünglich ein geistig-seelischer Begriff. Diese Ergebnisse zu interpretieren ist heute die Aufgabe der Philosophie der Naturwissenschaft.

Und der menschliche Geist. Wo ist sein Ort in diesem Weltbild? Ich wage den Satz: Bewusstsein ist selbst ein unbewusster Akt. Wohin führen uns die unbewussten Motive unseres Bewusstseins?

III. Unsere gemeinsame zukünftige Aufgabe

Wohin wird die heutige Dominanz des modernen westlichen Denkens die Menschheit führen? Wird uns dieser Vorgang in Erfolg und Glück führen? Oder in die Katastrophe? Oder schliesslich auf den harten Weg unserer realen gemeinsamen Aufgabe?

Ich will die Frage in zwei Schritten behandeln. Zuerst will ich versuchen, unsere herankommenden globalen praktischen Aufgaben in westlicher Sprache zu beschreiben, aus der Sicht des heutigen westlichen Denkens. Danach will ich fragen, welche Kooperation östlichen und westlichen Denkens in diesem Zusammenhang notwendig und möglich sein wird.

Der erste Schritt. In westlichen Diskussionen, an denen ich teilgenommen habe, sehen wir drei grosse globale praktische Probleme: Frieden, soziale Gerechtigkeit, und Umwelt.

Lassen Sie mich zuerst vom Problem des Friedens sprechen. Ich erzähle eine persönliche Erinnerung. Ich bin Physiker. Ich hatte die Physik als mein Studienfach gewählt wegen ihres tiefen philosophischen Interesses. 1932, zwanzigjährig, wählte ich das damals moderne Thema der Kernphysik als mein Arbeitsfeld. 1939, nur sieben Jahre später, waren alle Kernphysiker in der Welt zutiefst überrascht durch Otto Hahns völlig unerwartete Entdeckung der Uranspaltung. Wir sahen: jetzt könnten Atombomben möglich werden. Ich folgerte: Wenn Atombomben möglich sind, wird jemand sie bauen – so ist heute die Situation in der Welt. Wenn sie gebaut sind, wird jemand sie einsetzen. So geschah es. Zuerst erschien es als ein inneres Problem des Westens. Amerikanische Physiker bauten sie, weil sie sich mit Recht vor Hitler fürchteten. Aber als die Bombe fertig war, hatte Hitler schon seinen Krieg verloren. Dann wurde sie gegen Japan eingesetzt. Die Leben von mehr als hunderttausend Japanern wurden so zum Opfer dieser Entwicklung. Heute spreche ich in Japan, in der Nation, die dieses Opfer erlitt. Es ist unsere gemeinsame Aufgabe, die Menschheit vor einer Fortsetzung dieses Weges zu retten. Was bedeutet das?

Schon 1939 sah ich: Die Tatsache, dass Atombomben, wenn sie möglich sind, gebaut und eingesetzt werden, diese Tatsache ist die Folge einer uralten Institution, die es seit Jahrtausenden gibt: der Institution des Krieges. Ich nenne den Krieg eine Institution. Das heisst: Während es in einem korrekt verfassten Staat dem Bürger gesetzlich verboten ist, einen Mitbürger zu töten, erlaubt es das Völkerrecht einem Staat, einem anderen Staat den Krieg zu erklären und dann zum mindesten die Angehörigen der gegnerischen Armee zu töten. Solange die Institution des Krieges besteht, wird jede Nation eine Notwendigkeit des Besitzes derjenigen Waffen empfinden, die, wenn nicht für den Sieg, mindestens für die Verteidigung oder Abschreckung nötig sind. Die Atombombe war das Wekkersignal, welches die Menschheit belehren soll, dass die Institution des Krieges überwunden werden muss. Wir können nicht Wissenschaft und Technik immer höher ausbilden und dabei die politische Moral auf der Stufe lassen, auf der sie vor 6000 Jahren stand. Ein erster Schritt wurde in der Tat getan. Der Krieg zwischen Amerika und der Sowjetunion wurde vermieden infolge der beiderseitigen Angst vor den Atomwaffen. Aber seit dem Zusammenbruch des Kommunismus bedeutet die Verbreitung der Atomwaffen über viele Nationen eine grössere Gefahr als zuvor. Wir haben unsere Aufgabe noch nicht gelöst.

Als Zweites: Das weltweite Fehlen sozialer Gerechtigkeit, zumal im Süden, ist die Hauptursache der Unvermeidbarkeit von Kriegen in unserer Zeit. In den jetzt beginnenden Jahrzehnten wird ein Migrationsdruck von Milliarden Menschen aus den armen in die reichen Länder die Folge sein. Armut erzeugt Bevölkerungswachstum; Bevölkerungswachstum vermehrt die Armut. Wohlstand im armen Teil der Welt zu befördern, ist nicht nur eine moralische Pflicht, es liegt auch im absoluten Eigeninteresse der reichen Nationen. Dies aber ist schwer durchzuführen: Solange die nördlichen Regierungen die absolute Notwendigkeit davon nicht sehen, weil ihre Wählerschaft, also die reichen Nationen selbst, sie nicht begreifen, bleibt die hinreichende Förderung des Wohlstandes der armen Nationen undurchführbar. Wir haben unsere Aufgabe noch nicht gelöst.

Das Dritte, die ökologischen Probleme unserer Umwelt. Ich gebe ein Beispiel. Wenn wir fortfahren, fossile Brennstoffe im gegenwärtigen Umfang zu verbrennen, wird in wenigen Jahrzehnten eine Klimakatastrophe kommen. Es ist technisch möglich, den Ausstoss von Kohlendioxid zu reduzieren und gleichzeitig die Effizienz der Energie drastisch zu erhöhen. Aber in der Marktwirtschaft wird dies eine ökologische Steuerreform erfordern, welche der Energieersparnis eine Chance im Wettbewerb gibt. Dies ist jedoch in einer Demokratie von

Autofahrern nicht leicht duchzusetzen. Wir haben unsere Aufgabe noch nicht gelöst.

Die Vorbedingung für die Lösung dieser drei Aufgaben ist ein Bewusstseinswandel. Wie müssen und können der östliche und der westliche Geist hierin zusammenarbeiten?

Die drei Probleme, die ich genannt habe, sind typische Erzeugnisse heutiger westlicher Strukturen. Und die sehr beschränkten Vorschläge zu ihrer Lösung entsprechen wieder der westlichen Denkungsart. Welcher Geist, wenn überhaupt einer, wird die Probleme lösen? Ist nur der westliche Geist an die Strukturen angepasst, die er selbst produziert hat? Oder müssen wir, im Gegenteil, unser westliches Verhalten aufgeben und zum östlichen Geiste zurückkehren? Oder können beide zusammenarbeiten?

In dieser letzten Frage meines Vortrags werde ich nicht von den möglichen praktischen Lösungen reden. Ich schlage vielmehr einen Dialog vor zwischen Ihnen, meine östlichen Gastgeber, und mir, einem Westler, der nur eine sehr begrenzte positive Kenntnis der östlichen gedanklichen, seelischen und spirituellen Tradition besitzt. Einen Dialog über unsere grundlegenden Gedanken und Verhaltensweisen, also auch einen Dialog über unsere Philosophien.

Ein grosser japanischer Denker unseres Jahrhundert, Keiji Nishitani, den ich 1974 in Kyoto getroffen habe, hat gesagt: «Der östliche Geist nimmt Realitäten direkt wahr. Im Beispiel: Wasser nimmt er wahr und interpretiert es als Wasser, den Menschen als Menschen. Das westliche Denken aber reduziert die Wirklichkeit auf Abstraktionen: Wasser auf materielle Substanz, auf Atome, den Menschen auf Bewusstsein und physischen Körper, Alles auf Sein und Werden.» Wenn diese Beschreibung zutrifft, so ist es klar, dass der westliche Geist die Welt instrumentalisieren wird, der östliche Geist aber die Welt annehmen und bewahren wird.

Ich glaube, dass Nishitani eine grundlegende Erfahrung

ausgesprochen hat. Aber wir müssen noch ins speziellere Detail gehen.

Lassen Sie mich zunächst sagen, dass man sinnvoll von einer europäischen Mentalität sprechen kann, dass aber Zweifel erlaubt ist, ob es eine ähnliche kohärente asiatische Mentalität gibt. Nach meinem Eindruck ist z.B. Japan von Indien so verschieden wie beide verschieden sind von Europa. In früheren Jahrtausenden gab es mehrere verschiedene Kulturen in Asien. Europa aber war eine spätgekommene Kultur, eben eine der Kulturen und wieder verschieden von den anderen.

In Asien müsste ich heute wenigstens vier verschiedene Kulturen unterscheiden: den islamischen Westen, Indien, China, Japan. Offenkundig müsste ich noch andere nennen, wie z.B. Tibet, Korea, mehrere südostasiatische Nationen. Aber ich beschränke mich auf ganz kurze Bemerkungen über die Vier. Westasien hatte sehr alte Kulturen; heute ist es in sich verknüpft durch den Islam, der seinerseits eine spätere Konsequenz der jüdischen Tradition ist. Indien hat bis in unser Jahrhundert das älteste überlebende Sozialsystem, das System der Kasten, bewahrt; ausserdem ist Indien die geistige Heimat nicht nur der vedischen Religion, welche die Europäer Hinduismus nennen, sondern auch des Buddhismus, der das östliche Asien durchdrungen hat. China bewahrt mit grosser pragmatischer Kraft die Tradition des einzigen bis in unsere Tage überlebenden frühen Imperiums; und es hat die konfuzianische praktische Ethik mit taoistischer und buddhistischer Weisheit verknüpft. Japan – wie könnte ich wagen, Ihnen eine kurze Beschreibung Ihrer eigenen Kultur zu geben? Ich wage zu sagen: Als meine Frau und ich vor nunmehr neunzehn Jahren zum erstenmal nach Japan kamen, empfanden wir: dies ist eine Kultur, die alle anderen in zweifacher Hinsicht übertrifft, nämlich in ästhetischer Verfeinerung und in der Stärke der Willenskraft. Wie kann man diese zwei Eigenschaften als

Ausdruck einer identischen geistigen Gabe und Tradition interpretieren? Eine Frage für den Dialog.

Im zweiten Teil meines Vortrags habe ich versucht, den Ursprung der europäischen kulturellen Mentalität durch zwei Ja-Nein-Entscheidungen zu charakterisieren: zwischen Wahr und Falsch und zwischen Gut und Böse. Als ich nach Indien kam, sagten mir einige Gesprächspartner: «Ein Europäer kann nicht leben mit dem Glauben an zwei einander widersprechende Überzeugungen, ein Inder kann nicht leben, ohne zugleich mehrere einander widersprechende Motive zu haben.» Wahrscheinlich ist diese indische Selbstbeschreibung in Wahrheit eine Beschreibung der Natur des Menschen und die europäische Ja-Nein-Tendenz ein intellektueller Versuch, die Natur des Menschen zu überwinden. Vermutlich setzt Nishitanis Beschreibung, dass Wasser als Wasser akzeptiert wird, eben die Akzeptation widersprechender Motive in der menschlichen Natur voraus: Wasser ist ein Stoff, ohne den Menschen nicht leben können, aber in ihm untergetaucht können sie auch nicht weiterleben.

Aber ich beende hier meine Beschreibungsversuche. Als ich von der Geschichte des westlichen Geistes sprach, kam ich zur Philosophie und Wissenschaft. Lassen Sie mich meine jetzige Dialogfrage mit einer Bemerkung über Platon beginnen. In seinem Höhlengleichnis beschreibt er einen Aufstieg aus der Alltagserfahrung unseres Lebens bis zur Wahrnehmung der höchsten Ideen, d.h. Gestalten, und schliesslich des Einen, der Idee des Guten. Für die Kenntnis der Natur bedeutet das, von den Sinneswahrnehmungen aus aufzusteigen zuerst zur kausalen Beschreibung der Bewegungen, dann zu den mathematischen Strukturen, die jenseits der Zeit liegen, und von dort zum Einen. Hier steht also mathematisches, begriffliches Verstehen jenseits des Bereichs von Zeit und Bewegung. Ähnlich können wir unser Bewusstsein beschreiben, aufsteigend von Emotionen und Handlungen zuerst zu deren Bestimmtheit durch Regeln, die dann im nächsten Schritt nach ewigen Normen unter der Idee des Guten beurteilt werden. In Asien steigt hinduistische und buddhistische Meditation auch von der Alltagserfahrung auf bis zu *sat* oder *samadhi*, Sein oder Leere. Aber hier werden die begrifflichen Formen früher zurückgelassen und die höheren Stufen werden noch durch Bewegung beschritten.

Ein anderer Unterschied kann zurückgeführt werden auf die jüdische Tradition von Gottes Gebot, Gut und Böse streng zu scheiden. Ich entdeckte den Unterschied in einem Buch, das dem Pater Enomiya Lassalle zu seinem 80. Geburtstag gewidmet war unter dem Titel *munen muso*, gegenstandslose Meditation. Enomiya Lassalle war ein Christ im Jesuitenorden und gleichzeitig ein Zen-Meister. So waren die Autoren des Buchs teils Buddhisten, teils Christen. Die Christen sagten: In der höchsten mystischen Erfahrung begegnest du Gott, der von deiner menschlichen Person völlig verschieden ist. Die Buddhisten sagten: In der höchsten meditativen Erfahrung begegnest du deinem wahren Selbst. Dies war ein tiefer Unterschied in der Interpretation. Aber wenn ich die beschreibenden Andeutungen der unaussprechbaren wahren Erfahrung las, konnte ich keinen wesentlichen Unterschied zwischen beiden finden.

Wird unsere notwendige, unvermeidliche Zusammenarbeit uns helfen, unsere verschiedenen Sprachen so zu verstehen, dass wir sehen lernen, wo eine wahrhaft verschiedene Erfahrung vorliegt und wo nur ein wichtiger Unterschied der Sprachen, die ihren jeweiligen Kulturen angepasst sind?

Ich möchte meinen Vortrag beenden mit zwei Bemerkungen über die moderne Naturwissenschaft, eine über die Quantentheorie, die andere über die Evolution. In beiden Bereichen, von denen ich im zweiten Teil des Vortrags gesprochen habe, scheint mir die Wissenschaft einige traditionelle Vorurteile des westlichen Denkens überwunden zu haben, und dies nicht durch einen Selbstwiderspruch, sondern indem sie konsistenter wird als zuvor.

Zunächst die Quantentheorie. Im 17. Jahrhundert entstand die klassische Mechanik als eine Theorie über das, was René Descartes die *res extensa* nannte, die ausgedehnte, raumfüllende Materie. In diesem Bild der physischen Realität war kein Raum für die Realität des Bewusstseins. Für Descartes war das Bewusstsein eine völlig von der Materie verschiedene Substanz, *res cogitans*, die denkende Substanz. Aber wie soll man dann verstehen, dass wir, die lebenden Wesen, aus Materie und Bewusstsein bestehen? Ich habe meinen zweiten Vortragsteil mit dieser Frage beendet. Aber in der Quantentheorie sind die Atome, die Grundbestandteile aller Materie, in Wirklichkeit Gestalten, Formen im platonischen Sinn, freilich, anders als bei Platon, wesentlich in der Zeit. Und in der platonischen Philosophie ist die Gestalt (Form = Idee) eine geistige Wirklichkeit. Der deutsche Philosoph Schelling hat gesagt: Die Natur ist der Geist, der sich noch nicht als Geist kennt. Ich habe denselben Gedanken in dem Satz zu formulieren versucht: Bewusstsein ist selbst ein unbewusster Akt. Die Atome sind, so gesehen, virtuelles Bewusstsein, virtuelle Seele.

Dies führt uns zur Evolution. Das Bewusstsein ist aus der unbewussten virtuellen Seele hervorgegangen. Aber Geist, Spiritualität war in der Geschichte des Denkens ein wesentlich religiöser Begriff. Wie müssen wir dies heute verstehen? Moderne Christen neigen dazu, zu sagen, Gott habe die heutige Welt durch die Evolution geschaffen. Hier begegnen wir aber einem alten theologischen Problem. Der Gott der Juden, Christen, Moslems ist seinem Wesen nach gut. Wie konnte das Böse in seiner Schöpfung überhaupt entstehen? Die Legende von Adam, Eva und der Schlange erzählt die Geschichte, erklärt aber nicht, wie sie möglich wurde. Nun ist, gemäss der Darwinschen Theorie der Selektion des Lebensfähigsten, die Evolution genau durch den Kampf ums Überleben möglich geworden. Der Tod ist eine notwendige Vorbedingung der Evolution. Dies fügt sich bruchlos ein in die Lehre Buddhas, die ich auf den einen Satz zusammenziehe: «Leben ist Passion». Ich gebrauche das Wort «Passion», um die Dreiheit anzudeuten von Durst, Abhängigkeit und Leiden.

Der Buddhismus hat in der Tat kein Problem mit der modernen Naturwissenschaft. Buddhas Ausspruch zu einem Jünger: «Wenn deine Einsicht meiner Lehre widerspricht, so musst du deiner Einsicht folgen» – dieser Satz drückt genau die Haltung guter, wahrheitsuchender Wissenschaft aus. Der Lehre soll nicht gehorcht werden, sondern sie soll verstanden werden durch unsere eigene Bemühung, die Wahrheit zu suchen.

Zweitens noch eine kurze Erinnerung. Als ich junger Privatdozent der Physik in Berlin war, hielt ich einmal eine Vorlesung über die schwierigen philosophischen Probleme der Quantentheorie. Nach einer dieser Stunden kam zu mir ein chinesischer Student, der sich damals in Deutschland aufhielt, und sagte: «Ich verstehe, dass ihr Europäer Schwierigkeiten habt mit Bohrs Komplementarität und Heisenbergs Unbestimmtheitsrelation. Ich bin Buddhist. Ich habe mit diesen Begriffen keine Schwierigkeit.»

Drittens und letztens: Buddhas Lehre endet nicht mit der Passion. Sie führt zum Erwachen, zur Erleuchtung. Ist es dies, was symbolisch angedeutet ist im westlichen Glauben, dass Gott die Welt gemacht hat?

Prinz Rudolf zur Lippe

Karlfried Graf Dürckheim – Ein Lehrer des Zen im Westen

I. Vergegenwärtigung

Wie von Karlfried Graf Dürckheim gesprochen werden kann, charakterisiert selber seine Weise, zu sein und zu lehren, wie, auf andere Weise, das besondere Verständnis zum Ausdruck kommen wird, in dem der, der da das Wort ergreift, den Lehrer und Meister, das lebhafte Vorbild und den weisen Freund in sein Leben aufnehmen konnte.

In allen diesen Schichten kann nicht der Mensch, der so prägend wirken konnte, beschrieben werden; andere Menschen müssen von diesem Wirken ihr Zeugnis geben. Wenn traditionell wesentliche Grundsätze und Formen einer Schule doch als solche dargestellt werden können, um den allgemeinen Hintergrund für die besondere Deutung im Leben dieses oder jenes Lehrers hervortreten zu lassen, so gilt dies für Graf Dürckheim weder von westlicher noch von östlicher Seite. Er nahm seine Aufgabe als Mittler so streng, dass er weder Lehrsätze noch die Lehrformen der Zenklöster übernahm und nur aus dem Ernst und der Freude an dem uns in die Schule nahm, was ihm zu vermitteln gegeben war. Sein Ernst und seine Dankbarkeit waren uns Einladung und Verpflichtung. Wir wurden nicht förmlich mit bestimmten Regeln und Pflichten zu Schülern ernannt. Wenn Dürckheims tiefenpsychologische Wissenschaft und Praxis an den noch tieferen und weiteren Zusammenhängen, in die das Zen uns führt, allen stolzen Anspruch, etwa auf einsame Geltung von Deutungen, hinter sich liessen, so durften sich die Schritte auf den Weg eben ganz als die einer Lebensgeschichte in ihrer lebhaftesten Reflexion verstehen. Gewiss habe ich meinerseits Anteil an diesem Verständnis, schon dadurch, dass ich nie länger als einen Monat in Rütte gewesen bin und viele, viele Male, aber unregelmässig mich dort wiederfand. Zugleich hatte Graf Dürckheim auch die Gewohnheit, unter Edelleuten eine fraglose Selbstdisziplin vorauszusetzen, in ein anspruchsvolles menschliches Vertrauen verwandelt. Jedenfalls habe ich es so erfahren.

Auch von dieser Seite wurde das Existentielle gegenüber der Regel und dem Begriff betont. Der initiatische Weg schliesst eine gewisse Vornehmheit ein, in der nicht ein System beherrschend sein kann, sondern die eigene Verantwortung gegenüber grundlegenden Verpflichtungen mittelbar davon spricht. Die Einheit der gedanklichen und der Momente des Übens und des Wissens muss mehr gestisch als thematisch zum Ausdruck kommen. Im Begrifflichen ist Vorsicht geboten; Entschiedenheit muss sich in den Haltungen und Einsichten ausprägen. Ein Freund hat das einmal die Schwierigkeit genannt, ja zu sagen, ohne in die Rolle des Anhängers zu verfallen. Meine Abneigung, in irgendeinen Sog zu geraten, hat er damit ebenso gut benannt wie die selbstverständliche Ferne, in der sich Dürckheim von aller Anhängerschaft hielt. Selbst seine Abende, an denen er diejenigen Schülerinnen und Schüler zusammenrief, die seine Leibarbeit oder doch, wie ich, auch leibliche Arbeit mit Menschen machten, hatten nichts Ritualisiertes. Abwechselnd zeigten die Anwesenden einander einen bestimmten Ausschnitt aus ihrer Arbeit. In den Reaktionen darauf entwickelte sich dann eine gemeinsame Erprobung, die immer durch die Reaktionen von Dürckheim eine bestimmende Richtung erhielt, eine Verbindlichkeit ohne jede Vorschrift, aber im klarsten Bewusstsein ihrer Bedingungen.

In vielen Schritten und Wendungen kann so langsam wirklich werden, was zugleich eigentlich Voraussetzung ist, eine allseitige Freiheit. Gerade wenn ich mir die starke Autorität vergegenwärtige, mit der die vornehm bescheidenen Gesten von Graf Dürckheim auf uns wirkten, und die Herzlichkeit, wie sie nur aus einer stillen einsamen Kraft getragen wird, dann möchte ich die Freiheit noch einmal übersetzen und sage menschliche Würde.

II. Nach einer Geschichte von Ausgrenzung und Eroberung

Karlfried Graf Dürckheim ist einer der wirklichen Mittler zwischen Europa und Fernem Osten geworden. Er gehört sogar zu den wenigen, die darin, so Mittler zu werden, schon vor der Mitte dieses Jahrhunderts eine Aufgabe im radikalen Sinne gesehen haben. Die Geschichte der Beziehungen zwischen dem Westen und dem Osten ist zutiefst widerspruchsvoll und hält eine eindeutige Bestimmung allenfalls für Abgrenzungen bereit. Die Annäherungen des Westens sind seit der mittelalterlichen Aufnahme der uralten Seidenstrasse zivilisatorisch durch Eroberungsdrang und gelegentlich durch individuelle Neugier geprägt. Grundsätzliches geistiges Interesse gehörte immer in einen Unterstrom oder wurde dieser Neugier zugeschlagen. Handelsvorteile und die Massnahmen zu ihrer Durchsetzung sind am ehesten in Erinnerung geblieben. Dass Friedrich von Hohenstaufen, der deutsche König und Kaiser auf Sizilien, in sein Reich der Begegnungen zwischen nördlichem und südlichem Mittelmeer, zwischen Moslems und Christen auch eine Gesandtschaft chinesischer Gelehrter gezogen hat, wird kaum je noch erwähnt. Solche Versuche sind völlig vereinzelt. Darum liegt es übrigens nahe, auf Wirkungen eben dieses Unternehmens bis in den italienischen Norden den wunderbaren Umstand zurückzuführen, dass wir aus der gleichen Zeit, im Dom von Sienna, eine chinesische Weltenscheibe in den weissen Marmor des Bodens geritzt finden. Das ist wahrhaft ein Zeugnis weltenumspannender Begegnung.

Die Scheibe mit dem heiligen Berg zwischen zwei Hügeln, wie ihn Pater Cyrill Korvin-Krascinski für ganz Eurasien in frühesten Zeiten beschrieben hat, ruht zwischen der stüzenden Hand und dem haltenden Blick des Erzengels Michael, in oströmischem Gewand. Aber weder die örtlichen Überlieferungen noch die kunstgeschichtliche Forschung, geschweige denn unser politisch-historisches Bewusstsein haben darin etwas Bemerkenswertes gefunden.

Jahrhunderte europäischer Geschichte sind gefolgt, die beherrscht waren von dem Geist der äusseren Kreuzzüge gegen die übrige Welt, soweit sie interessant und erreichbar war, und von den inneren Kreuzzügen unter der Zentralisierung aller Perspektiven im Prinzip der Kirche, die alle Charakteristika eines Staates angenommen hat. Unter der Faszination der Macht kann nur Unkenntnis wachsen. Parallel dazu wurde die Glaubenskrise des Hochmittelalters einer ebenso fatalen, gewalttätigen Lösung unterworfen. Glaube lässt sich nicht strategisch in Dogmen fassen. Glaubensgewissheiten lassen sich nur gemeinsam üben, nicht durch eine Hierarchie verwalten. Ein Mystiker wie Meister Eckhart war deshalb für die Kirche nicht zu gebrauchen. Statt dessen übernahm die Scholastik die Führung. Glaube war nicht die entscheidende Kategorie, sondern eine wohlverfasste Religion. Diese wurde nun zum Kampf gegen den Unglauben, draussen wie in der Christenheit selbst, gerüstet, indem ihr die Eisenstangen einer eigens verkürzt dargestellten aristotelischen Logik eingezogen wurden. Zweifel oder andere Überzeugungen fordern dann nicht länger zum Vergleich auf und zum Nachdenken, das ohne ein Moment des Zweifelns zur Bewegungslosigkeit verurteilt ist, sondern provozieren ein bedingungsloses Urteil. Die Bewegung zu neuer, offener Gläubigkeit in der Nachfolge Christi, die von dem Wirken von Franz von Assisi auszugehen begann, organisierte die Kirche im Handstreich in einen ihrer Orden um, während der, der gerade ein solcher Ordensgründer nicht sein wollte, im Heiligen Land mit den arabischen Gelehrten des belagerten Sultans über Fragen des Glaubens beriet.

Das grosse goldene Zeitalter der Moslem, Christen und Juden, im späteren Spanien und Portugal, war ein einsames Vorbild auf der Iberischen Insel. So war Franziskus für lange Zeit der letzte Abendländer, der einem anderen Glauben, einer anderen Kultur im Geiste der Ebenbürtigkeit begegnet sein dürfte. Die Auseinandersetzung des Nicolaus Cusanus mit der mohammedanischen Religion hat doch schliesslich etwas von dem guten Willen, der bereit ist, Gnade vor Recht ergehen zu lassen, sofern man der schriftlichen Form für die Öffentlichkeit nicht auch in diesem Fall misstrauen muss.

Als die europäischen Herrscher und Nationen erneut ihren Blick auf andere Gegenden der Welt richteten, gab es keine mythische Weltkarte mehr wie die von Ebsdorf, deren weites Rund alle bekannten Länder, Orte, Geschichten um ein heiliges Jerusalem versammelt, das zugleich den Nabel dieses irdischen Leibes Christi bildet. Mit den Kreuzzügen hatten die Mächtigen in Kirche und Staat den praktischen Teil der Heilsgeschichte zu einer Frage ihrer Politik und ihrer Armeen gemacht. Als dann die Kirche nicht länger die Könige als ihren weltlichen Arm betrachten durfte, durften ihre Theologen den Widerstand gegen weltliche Eroberungen zur Ketzerei erklären. Die Land- und Seekarten verzeichnen seitdem präzise die Wege der Flotten zur Eroberung von Reichtümern und Anbaugebieten. Später sollte eine aufklärerische Philosophie die Strategie fortsetzen. Wiederum in bester Absicht, diesmal aber in erzieherischer Haltung für die Menschen, die noch nicht im modernen, im zivilisierten Gesellschaftszustand, sondern im Naturzustand der schönen oder wilden Wilden lebten. Es ist bei der Expansion geblieben und beim Vergleichen am Masstab des Westens. Am offensten haben das die kommerziellen Eroberungen der Kolonialherrschaft gezeigt. Mit dem Ende der überseeischen Herrschaft ist dann das wirtschaftliche

Interesse des Westens eine unheilige Allianz mit der aufklärerischen Erziehung zur Wohlfahrt der anderen, der neu proklamierten Nationen eingegangen unter dem Namen der Entwicklungshilfe.

Die Geistesgeschichte Europas hat sich selbstverständlich nicht als ideologische Rechtfertigung dieser Strategien verstanden. Aber weitgehend ist sie auch wider Willen in deren Sog geraten. Selbst wo sie zur Kritik ansetzte, hat ihr doch ein eigener Boden für neue wahrhafte Begegnungen gefehlt. Wenn Montesquieu die Verhältnisse in den modernen Staaten kritisierte, indem er einen Blick von aussen anzusetzen versuchte, so sprechen seine *Lettres Persanes* doch eben von Europa und benutzen die gelobte Fremde, um aus solchem sichereren Ort ein offenes Wort sich erlauben zu können, selbst wenn er fiktiv bleibt. Voltaire diente der Prophet des Islam, sogar umgekehrt, als Projektionsfigur, an deren Tyrannei gemessen noch absolutistische Herrschaft, war sie nur der Aufklärung gewogen, eine Art mittelbarer Rechtfertigung erhielt – «*C'estoit un sublime et hardi charlatan* ...» Kant verfocht eine Menschheit mündiger Bürger und musste auf die Besitzlosen im eigenen Lande verzichten, weil sie die ökonomischen Voraussetzungen nicht vorweisen konnten. «Die Geschichte der übrigen Völker, die ausserhalb denselben lebten, kann nur von der Zeit angefangen werden, da sie darin eintraten», nämlich in «ein gelehrtes Publikum». «Über dasselbe hinaus ist alles *terra incognita*, so dass unser Weltteil ... wahrscheinlicherweise allen anderen dereinst Gesetze geben wird». (Idee zu einer allgemeinen Geschichte in weltbürgerlicher Absicht.) Wenn das bei dem nüchternen Kant nicht überrascht, so darf man von Hegel, dem grossen Dichter in der Philosophie, aber nichts besseres erwarten. In seiner Steigerung der Völker und der Künste zur fortgeschrittensten Selbstreflexion des Weltgeistes bleibt für «das ewige Om-Om» der Inder nur abfälliger Spott.

Staunenswert klar und ohne wirkliche Vorgänge und

Nachfolger zeigt Goethes Idee einer Weltliteratur, Wilhelm von Humboldts Entwurf einer allseitig sich befruchtenden Menschheit, dass unser Abendland seinen ausgreifenden Blick eben auch aufmerksamer Freundschaft widmen könnte. Aber die Sprachenforschung des einen im Dienste der Achtung auf andere Wege, die Liebe des anderen für das Erleben des Orients im «West-östlichen Divan» haben keinen Sinneswandel bewirkt.

In einer so grob, aber nicht falsch skizzierten Geschichte blieb für die anderen Kontinente nur eine Statistenrolle übrig. Manchmal ist sie sogar glanzvoll ausgefallen. Meist mussten ihre Menschen, Tiere, Pflanzen, Ansichten und Aussichten zur Dekoration einer bis zur Langeweile auf den Überblick versessenen Kultur herhalten. Schon in den Anfängen der Neuzeit greifen die Künste einer sich vom eigenen Volk abhebenden Hochkultur, mal höfisch, mal auch bürgerlich, auf alles Neuentdeckte zurück, wo Anregungen für Abwechslung fehlen. Bis ins 20. Jahrhundert werden die Tänze immer anderer Volkstraditionen Europas, dann auch der übrigen Welt, zum Rohmaterial der modischen Aufführungen und Vergnügungen. Nicht anders finden sich Indianer, Afrikaner, Orientalen mit Elefanten, Löwen, Vogelstrauss an den Wänden und in Plafond-Gemälden wieder. Es sind die Residenzen, zu deren Repräsentation es gehört, die anderen Weltgegenden zu zitieren. Farbenpracht und Formenfülle sind nur der äussere Reiz, den die Ränder der Weltgeschichte beisteuern. Längst steht freilich ihre charmante Erscheinung für den militärischen und handelspolitischen Stellenwert der Länder, die sie darstellen sollen und in die die Konkurrenz zwischen den europäischen Mächten bereits zu einem wesentlichen Teil verlagert worden ist. Die relative Zivilisiertheit von Kriegen und Auseinandersetzungen, durch die sich das Konzert der Mächte auf «dem alten Kontinent» auszeichnet, ist nur die eine Seite einer Definition der Welt durch europäische Politik und

Rechtskonzeption. Jenseits der «Freundschaftslinien» ist alles erlaubt, Piraterie, füllt sie nur der Krone die Kassen, wird zum edelsten Patriotismus.

China und vor allem Japan blieben dem allen bis weit ins 19. Jahrhundert ziemlich fern. Das Verhältnis zum «Reich der Mitte» blieb lange in der Ambivalenz zwischen Faszination, die von so alter Geschichte und so mächtiger Herrschaft ausgeht, und der allgemeinen Begehrlichkeit. Dazwischen konnte eine Nostalgie ihre Blüten treiben, wiederum ambivalent zwischen der Bewunderung für die Kunst des Porzellans und dem Exotismus der eigenen Nachahmungen. Die Chinoiserien haben sich mit dem Fortschritt der Zivilisation zur Industrialisierung immer deutlicher für den Kitsch entschieden. Beide Reiche des Fernen Ostens wurden mit Kriegsgewalt zur Öffnung gezwungen. In Japan war der Einbruch des Westens, dort inzwischen unter der Führung der Vereinigten Staaten von Nordamerika, noch unvorbereiteter. Engländer und Preussen glänzten mit den Methoden ihrer Armeen und nahmen, mal stolz, mal staunend, von einer bis ins letze durchkomponierten Kultur kostbare Bruchstücke mit nach Hause. Wie bei allen massenhaften Ansammlungen dessen, was in unserer profanen Mentalität als Kunst eingeordnet wird, weiss man nie genau, ob es als Andenken, als Zitat oder einfach als Trophäe gemeint ist. Der Ausschliesslichkeitsanspruch der christlichen Religion, inzwischen längst mit dem der formalen Logik, des epistemologischen Wissens und der durch sie freigesetzten Technologie in Naturbeherrschung und Gesellschaftsorganisation verbunden, hat edlen Selbstzweifeln nicht mehr viel Chancen eingeräumt.

Gewiss sind den Jesuiten, die auszogen, China zu bekehren, dort auch die Augen aufgegangen über ungeahnte Formen und Gegenstände eines vielschichtigen Bewusstseins. Aber der christliche Monotheismus hat weder dort noch in Japan noch in der Bewunderung der überlebenden Elemente von Indiokulturen gelernt, seinen martialischen Ausschliesslichkeitsanpruch aufzulösen. Vom Staunen gelehrter Reisender hat Europa nicht mehr erfahren oder zur Kenntnis genommen als ein paar interessante Gedanken über die Menschen und die Welt. Was für Einzelne zu lebensbestimmenden Erlebnissen wurde, galt der Zivilisation doch nur als originelle Neigung oder exzentrischer Spleen. Am erfolgreichsten über Indianer hat Karl May geschrieben, der ihr Leben nie gesehen hat. Die Indianerspiele der Kinder waren der fröhlich unbeschwerte Nachruf auf ausgerottete Völker. Buffalo Bills Wilder Westen wurde genauso aufregend als Spektakel genossen.

Diesen Charakter unserer Geschichte und diese Geschichte unserer Charaktere müssen uns bewusst sein, wenn wir die Einstellungen, Erwartungen und Reaktionen auf «das Andere» heute begreifen wollen. Dabei geht es gar nicht nur um das Andere aus der Ferne fremder Länder und Völker. Was im Werk grosser Künstler und ungewöhnlicher Denker an das Andere der Transzendenz reicht, ist, im Grunde ähnlich, zum je einmaligen Genie erklärt worden und hat mit jeder Biographie einer gesellschaftlichen Kontinuität wieder weichen müssen, die von den Wegen solcher Erfahrung nichts weiss. Eine Kultur des grossen Begegnens hat der Westen nicht hervorgebracht, weil die Ansprüche der Orden darauf zu wenig auf Abstand zu der im übrigen verwalteten Lehre gehen konnten und wirkliche Durchbrüche in der Kunst oder auch bei den Laien, im einen wie im anderen Sinne, ebenso individuell wieder abbrechen müssen.

III. Ein Europäer vom Osten her

Dass Graf Dürckheim nicht der einzige war, darf nicht darüber hinwegtäuschen, wie ungewöhnlich seine Bereitschaft war, in Japan dem wirklich ganz Anderen zu begegnen. Dafür

gibt es mehrere Bedingungen. Die erste ist sicherlich die Kraft, Zweifel am Gewohnten aufkommen zu lassen und sich ihnen mit Nachdenklichkeit auszusetzen, das heisst auch, nach dem zu fragen, das mangelt. Das kann nur gelingen in einem beweglichen Wechselspiel von starker Selbstdisziplin und gelassenem Vertrauen. Die Frage, in wen oder was solches Vertrauen gesetzt werden können muss, ist gar nicht leicht zu beantworten. Eine gewisse Art Gottvertrauen ist ebenso notwendig wie ein grundsätzliches Selbstvertrauen. Dabei muss das Gottvertrauen frei sein von aller kirchlichen Organisation, und das Selbstvertrauen muss frei sein von Wichtigtuerei und Ansprüchen gegen andere. Solches Vertrauen kann nur da leben und uns tragen, wo diese beiden Seiten im tiefsten verbunden sind. Dann gibt es keine Zurechnungen mehr, nur die Hoffnung und die Dankbarkeit. In einem ganz unreflektierten Sinne sprechen wir bereits von dem, was Dürckheim später in seiner Arbeit das Initiatische genannt hat. Damit im Einklang und doch von eigener Bedeutung sind noch die Ahnungen zu nennen, die irgendwie immer die Möglichkeit eines ganz Anderen und sogar gewisse Grundzüge davon vorwegnehmen. Begegnung ereignet sich nur voraussetzungslos, also vor allem ohne Absicht und Zweck; aber desto entschiedener hat sie ihre Bedingungen.

In seinen eigenen Erzählungen und in Gesprächen mit Biographen hat er selber Wurzeln solcher Bedingungen in seiner Lebensgeschichte angedeutet. Von Schlüsselerlebnissen, die alle Bedingtheiten einer Biographie hinwegfegen konnten, wie dem des ersten Weltkriegs und dem der Gefangenschaft am Ende des zweiten, hat er selber so deutlich in der Öffentlichkeit, dass ich nur daran erinnern kann, gesprochen. Hier soll den Zusammenhängen besonderer Umstände und Momente seines Lebens mit den grossen Veränderungen nachgegangen werden, in denen sein Jahrhundert, aus den neunziger Jahren des vorigen bis zum Ende der achtziger Jahre dieses Jahrhunderts, in der europäischen Geschichte Öffnungen aus der Vergangenheit ermöglicht hat.

Um die Jahrhundertwende war die Idee eines unaufhörlichen Fortschritts des Menschen reif geworden und hatte breit genug alle Widersprüche zum Verstummen gebracht, um Fortschrittsideologie zum Motor von Politik, Wirtschaft und Weltanschauung zu machen. Die so mobilisierten Energien waren umso hemmungsloser, als die Idee nicht nur Motor, sondern Ziel zugleich wurde. Das Ziel hatte keine inhaltliche Bestimmung, so dass alle daraus möglicherweise abzuleitenden Ansprüche, die als hemmende Einwände hätten auftreten können, entfielen. Fortschritt ist ein wertneutraler Wert. Wir hören das Wort inzwischen nur noch selten. Aber dafür wird von Entwicklung, Unterentwicklung und Entwicklungsfähigkeit in demselben Sinne um so öfter gesprochen. Als Idee steckt der Fortschritt, Erbe der Mission und der Kreuzzüge, auch in Imperialismus und Kolonialismus. Freilich ist das Machtstreben als solches, und im Dienst der Bereicherung verlässliche zusätzliche Motoren zusammenfassend, die Strategie eines Eurozentrismus, den wir, Nordamerikas moderne Zivilisation einbeziehend, inzwischen genauer den Westen nennen. Fortschritt hiess einmal Befreiung der allzu schwer Arbeitenden vom blinden Verschleiss ihrer Kräfte und Entfaltung aller Vermögen. Inzwischen bedeutet er Ersatz menschlichen Könnens und Tuns durch Apparatur, bis die alte Fantasie von einer Befreiung aus den Bindungen des Leibes maschinell realisiert wird. Fortschritt hiess mündig werden von äusserlichen Autoritäten um eigener Antworten auf die Fragen des Lebens und der Geschichte willen. Solche Anstrengungen haben unter einer überlebensgrossen Kulturindustrie und als bloss statistische Öffentlichkeit vor allem Resignation und Bequemlichkeit erbracht.

Die Aktualität dessen, was auf dieser Seite aus dem vorigen Jahrhundert noch unser Ende des jetzigen überschwemmt, könnte einem den Atem stocken lassen. Am anderen Extrem, auf der Seite von Empörung und Widerstand, erkennen wir eine ähnliche Aktualität, die ihrerseits aber eher Raum zu Atem schafft, allerdings wohl auch schon ein wenig spürbar geschaffen hat. Ich denke besonders an Nietzsches Empörung im Namen der Aufklärung gegen eine zum Apparat erstarrende Rationalität und an seinen kühnen, aber verzweifelten Elan, das Denken wie das leibliche Leben wieder zum Tanzen zu bringen. Damit hatte er bereits zwei, drei Jahrzehnte lang vorbereiten geholfen, was dann um die Jahrhundertwende so vielfältig aufbrach, was uns wie eine gemeinsame Bewegung erscheint. Damals aber ertrotzten oder errangen sich mühsam die einen hier, die anderen dort einen bedrohten Freiraum für die letztlich verwandten Erfahrungen: Isadora Duncan, die bürgerliche Jugendbewegung, Henri Bergson mit seiner Lebensphilosophie, die Sportgruppen der Arbeiterbewegung mit ihrer politisch verstandenen Kultur, die russischen Minimalisten als Wegbereiter des Bauhauses, August Rodin und Rilke, Virginia Wolfe, verschiedenste Ansätze zu Frauenbewegungen. Sie alle und viele mehr haben unserer Wiederbegegnung mit dem Leib den Weg bereitet. Zu Leib und Tanz gehört der Begriff der Bewegung und des Wandels. Die Bereitschaft zu einer solchen geistigen Veränderung scheint noch schwerer in Gang zu kommen als wenigstens die Absicht, Leib und Sinne als Momente des Menschseins in der Welt wahr zu nehmen.

Damit sind nur die Extreme erwähnt. Oder bedeutet die Einsicht, dass wir uns ganz neu in der Polarität zwischen dem Weiblichen und dem Männlichen des Menschseins zu finden haben, eine noch weitergehende Aufgabe? Wahrscheinlich bereitet dieser Weg erst den anderen eine neue Landschaft, wie es Bachofen und Lou Andreas Salome, die Frauenrechtlerinnen und Menschen vom Monte Verita vorgezeichnet haben – gleich verzweifelt in ihrer Wut die einen und in ihrer Geduld die anderen. Sicher ist jedenfalls, dass das jetzt ausgehende Jahrhundert übervoll gewesen ist von gigantischen Eroberungszügen und Anstrengungen, «den neuen Menschen zu schaffen», die alle entschieden Züge beider Extreme, mit ihren verschiedenen historischen Bedingungen verbunden, zeigen und ebenso hoffnungslos geblieben sind, wie sie mit Erwartungen betrieben wurden. Diese fatale Verstrickung der Aufbrüche in die Gegenstände der Empörung könnte – noch jenseits aller sie nur benutzenden Strategien der Verführung und der Bemächtigung – als tragisch empfunden werden, wäre sie nicht so eng der grundmenschlichen Aufgabe verwandt, in eben solchen Spannungen Orientierung zu suchen und diese oder jene Wahl zu treffen.

Graf Dürckheim ist in die Jahrhundertwende als Kind einer Familie hineingeboren worden, die ihrer herrschaftlichen Tradition gemäss, wie die meisten anderen Häuser des niederen bis hohen Adels, angesichts von Empörung sozusagen instinktiv sich auf die Seite der Strategien der Macht schlugen. Sie mussten dafür bereit sein, nicht den Widerspruch der Fortschrittsideologie zu den Verpflichtungen ihrer alten geistigen und menschlichen Traditionen zu erkennen. Das zweite Kaiserreich in Deutschland, die Gründerzeit und der Nationalstaat bilden doch in Wahrheit die Ära eben dieser Verleugnung. Die Menschen entleerten damit eben auch sich ihrer inneren Würde soweit, dass sie bereits lernten, ihre Würdelosigkeit unter dem späteren Nationalsozialismus, tief verunsichert und in desto geraderer Haltung, zu ertragen. Bewusst wurde diese Wendung von dem sozialen Stande derer her, denen das Machtsystem eines Militär- und Industriestaates äussere Entwürdigung auferlegte, etwa den Sozialisten unter dem Verbot ihrer Partei. Die alte Oberschicht zerbrach in alte Anpassung und späten Widerstand aus dem Bewusstsein der Einzelnen.

Nie kann eine wirkliche Lebensgeschichte auf ihre soziologischen Bedingungen reduziert werden. Menschen fühlen oder wissen sogar sich unmittelbar von den Fragen getroffen und stellen sich dazu, wie die Situationen es ihnen aufgeben. Dennoch sind Brüche in der Geschichte und eben schon in der Vorgeschichte eines Lebens entscheidend. In dem Maße, in dem sie einen Lebensweg fraglicher und schwerer machen, helfen sie, die Fragen zu erkennen und zu eigenen Antworten bereit zu werden. Dabei ist ein sichernder Hintergrund ebenso eine Hilfe.

Die Seiten der Spannung, in der der junge Graf Dürckheim sein Bild von sich und der Welt auszubilden begann, dürften dafür widersprüchlich genug gewesen sein. In Bayern war die Familie der Dürckheims ansässig, auch wenn sie im Mittelalter am Rhein ihren Namen erworben hatte. Die Mutter dagegen war Mitglied eines protestantischen, preussischen Clans mit den üblichen Verzweigungen in die Offizierscorps bekannter Regimenter und die Gutshäuser ostelbischer Besitze. Mindestens seit dem Bismarckschen Kulturkampf gegen die katholische Kirche war das eine bis zum Brisanten ungewöhnliche Verbindung. Hinter diesem Gegensatz tritt, gewiss noch überraschender, ein nicht gerade unwesentlicher gemeinsamer Zug hervor, der zu katholischem wie protestantischem Adel in womöglich noch heftiger empfundenem Gegensatz stand. Durch die Grossmütter auf beiden Seiten stammte Graf Dürckheim von drei der bedeutendsten jüdischen Bankdynastien Europas ab. Wohl mögen die Bankiers wie die Junker des Ostens und die Aristokraten des Südens sich ähnlich zu dem Staat unter Kaiser und Krone hingezogen gefühlt haben; doch ihnen selbst werden die unterschiedlichen Beweggründe der nationalen Stärke, der kommerziellen Macht und der sozialen Disziplinierung als durch Welten geschieden erschienen sein. Und das waren sie sicher auch, unbeschadet unserer späten Betrachtungsweise, die sie so willkürlich wie berechtigt dicht zueinander rückt.

Das Elternhaus der Dürckheims hatte nun bereits auf diese Brüche mit der Andeutung eines dritten Weges geantwortet. Im Herzen der mitteldeutschen Kleinstaaterei, der eben erst in die Rolle der Dekoration gedrängten, und am eigentlichen Hauptort des neueren deutschen Geisteslebens, in Weimar, gründeten die Eltern eine Existenz eigenen Wesens. Und sie gaben dem den in ihrer Zeit denkbar bewusstesten Ausdruck, indem sie sich ein Haus bauen liessen von dem notorischen Neuerer von 1900, von dem Henri van de Velde, der in derselben Cranachstrasse dem Hause eines der wenigen Weltenbürger deutscher Kaiserzeit, Harry Graf Kessler, ein neues Innenleben schuf, der allerdings auch bereit war, einen Strassenzug weiter Helene Förster-Nietsches imperialem Umbau von Nietzsches Existenz reformerischen Anschein zu verleihen.

Was von allen diesen Tendenzen, die sich selber und gegeneinander, so wichtig nahmen, hat Karlfried Dürckheim an sich herangelassen? Was hat er aufgegriffen? Was ist für ihn und durch ihn daraus geworden? Drei Fragen, die für uns hier die eine bedeuten, wie er dieses Zeitalter an seinem Anfang und in seinem Verlauf verstanden hat.

IV. Der Mittler und Wegbereiter

Gewiss lebte Dürckheim ebenso bereits im Aufbruch, wie er noch sich in der Bewahrung zu Hause fühlte. Es ist zu vermuten, dass ihm beides im Grunde erstaunlich selbstverständlich geschehen ist. Damit kann nicht gemeint sein, dass ihm die Gegensätze nicht zum Bewusstsein gekommen wären. Dazu erlebte er deren politische und ökonomische und soziale und weltanschauliche Verkörperungen zu deutlich zwischen Arbeiterbildung und Kirche, Standesehre und Kunstrevolution, traditioneller Disziplinierung und geistiger Disziplin. Zwei Erlebnisse legten eigene Ausrichtungen frei. Seine Antwort auf das Kriegserlebnis als junger Leutnant war eine Antwort angesichts einer Wegegabelung. Mit der Ablehnung des Militärischen war ihm ohne weiteres auch die Aufgabe des herrschaftlichen Erbes am väterlichen Besitz von Steingaden verbunden. Ein anderes war die Begegnung mit Klee und Kandinsky im elterlichen Hause. Als junger Psychologe gesellte er sich zu den Anfängen des Bauhauses mit eigenen Beiträgen, und dieses zu Zeiten, da solche Arbeit an der Bildung der Menschen dort als ein soziales Engagement aus der Neubegründung des Lebens von der Kunst her verstanden wurde.

Zum Mittler kann nur werden, wer sich plötzlich in einer Mitte erfährt, wo bis dahin die Trennung zwischen Unverbundenem oder Gegensätzlichem, vielleicht nicht einmal dies wahrgenommen wurde. Wenn wir zuvor in die eine der Seiten

gebunden waren, treten wir auf diese Weise daraus hervor und finden sie aus dem Zwischen wieder, fremd und vertraut zugleich. Dabei kann sie nun einen Gehalt frei geben, der immer gemeint und nie wahr geworden war. Ähnlich stelle ich mir Graf Dürckheims Begegnung mit Meister Eckhart vor. Die dem modernen Kirchenchristen völlig fremde Mystik hatte als Entdeckung im Mantel des Christentums doch etwas Vertrautes, obwohl es in Wahrheit umgekehrt war. Ein immer fremd gebliebenes kirchliches Christentum wurde erst dadurch vertraut, dass jene vergessene Mystik sich in seiner Geschichte hatte ereignen können. Gerade weil Institution, Katechismus, Dogmengeschichte und geschichtliche Verstrickungen der Kirche ein Wesentliches verstellt hatten, weil sie für ein tiefes Gefühl von Mangel verantwortlich waren, konnte der Protestant aus katholischer Familie sich dem ungeahnten Mystischen öffnen. Es war das neu Gesuchte im ältest ehrwürdigen Gestus und hatte die überwältigende Neuheit des Vergesseenen, das wieder entdeckt wird. So wurde Mystik sofort zu einem Erfahrungsweg an der ahnend gewissen Begegnung mit dem Durchscheinenden. Ohne das bittere Schicksal unter den amtskirchlichen Vorstellungen wäre nie diese Figur so offensichtlich gewesen, die verstellenden Wände doch auch als die Mittler dessen zu gewahren, was durch sie abgeschirmt war. Die falsche Alternative von der Finsternis angesichts des geschlossenen Vorhangs und einem Jenseits nach dem Wegreissen der Vorhänge wurde als Täuschung erkennbar. Die Hüllen und Zonen zwischen dem Anderen und uns können dann eben das Medium werden, durch das wir teilhaben am Anderen auf die bescheidene und genaue Weise des Menschseins.

Was durch die Geschichte der Christen sich zwischen sie und ihre Religion, zwischen ihr Bekenntnis und ihre Freiheit gestellt hat, war Verhinderung und wurde Wegbereiter zugleich in neuem Blick, dem ein christlicher Mystiker ein drittes Auge geöffnet hatte. Woher ich das weiss? Ob das so gewesen ist? Nein, das weiss ich nicht. Ich weiss aber, dass es durch Graf Dürckheim für uns und jedenfalls für mich so ist. Und das war auch zu erleben, wenn er von seinem Christentum sprach. Denn er sprach so ernst und so frei davon, dass nur ein alles erschütternder und im Innersten sanfter Weg ihn dorthin geführt haben konnte.

Aber mit diesen Schritten sind wir erst dahin geführt, wo in fremdem Land der Weg in vollends ungewohnten Schritten zu gehen war. Der Osten kannte jene Verstellungen nicht und hielt andere Freiheiten bereit. Wie das Erleben der Eckhartschen Erleuchtungen geholfen haben mag, den Wegen des Zen sich zu öffnen, scheint mir gar keine einfache Frage zu sein. Eine unmittelbare Verwandtschaft vermute ich am wenigsten dabei. Viel näher liegt wieder die Figur, die wir Hegelisch die «negative» nennen können. Wie wir gelernt haben einen Mangel zu fühlen an etwas, das wir selbst kaum zu ahnen vermögen, öffnet Dürckheim die Begegnung mit einem christlichen Mystiker ein Verständnis nicht nur für die abendländischen Möglichkeiten zur Transparenz – das ist sein Wort für das Durchscheinen geworden. In einer gewiss beschränkten Weise bildet, wenn wir die Leiden einer bestimmten Verstellung durchschritten haben, dies in uns ein Organ für die Transparenz überhaupt. Die ganz fremde Tradition der Annäherung daran kann doppelt das junge Organ auszubilden helfen. Einerseits öffnet es dem Vertrautwerden mit dem Anderen andere und doch als solche wiederum vertraute Zugänge. Andererseits, und gerade dies hat Graf Dürckheim sicherlich und offensichtlich noch ernster zu nehmen gewusst, wächst die Achtung vor dem Ereignis durch die Furcht vor dem Fremden und die Mühen seiner durch traditionelle Bewegungen zunächst mehr versperrten als einladenden Übung. Diese Achtung weitet erneut das Organ, so wie Khalil Gibran sagt, der Schmerz bereitet der Freude das Gefäss.

Theodor W. Adorno hat oft gesagt, nur von drinnen kommt

man heraus. Nur wer nicht ganz sich hat einsperren lassen, nur wessen Geist wenigstens in unbewachten Augenblicken den Verstellungen entkommen und im Freien geschweift ist, kann, mit solcher Ahnung versehen, sich herausarbeiten, indem er die Gestelle, wie Heidegger es nennt, durchschreitet, wegräumt, auflöst, durchschaut, hinter sich lässt. Um so glücklicher, wer in den Formen der eigenen Geschichte schon einmal den Blick ins Freie hat wenden können und die Verstrickungen und Verstellungen dieser Geschichte noch einmal kleinzuarbeiten hat in den ganz und gar ungewohnten, den ungeahnten Übungen einer anderen Tradition. Umso glücklicher, als das ganz Andere dieser Tradition gerade in dem liegt, was die abendländische durch Verbannung hat erstarren lassen; den im kosmischen Odem atmenden Leib.

Als wir vor drei und vier Jahrzehnten am europäischen Zen-Ort Rütte uns auf diesen Weg einzulassen begannen, konnten die Zeitgenossen uns nicht einmal verlachen, so ausser jeder Vorstellung war das. Und hätten mich nicht die vorbereitend wunderbaren Atem- und Stimmübungen von Irene Haller dazu ausdrücklich eingeladen, hätte auch ich diesen Weg wohl nicht gefunden. Wieviel unzugänglicher muss der Weg des Zen in Japan durch eine martialische Geschichte und Gegenwart verstellt erschienen sein. So kann ich nur wieder vermuten, hätte nicht Graf Dürckheim die eigentümliche Fähigkeit gehabt, mitten unter den Herausforderungen und Abstossungen des Japans der vierziger Jahre des zwanzigsten Jahrhunderts sich einfach nur von diesem einen bewegen zu lassen, er hätte nie uns so ihm verbinden können. Japan nur als das Land der «Kultur der Stille» wahrzunehmen, hat schon etwas Imaginäres. Zu solcher Einbildungskraft gehörte auch eine Fähigkeit, die eigentlich eine Unfähigkeit ist. Es war ihm möglich, aktuelle Umstände nur so wichtig zu nehmen, wie sie die Gegenwart unmittelbar bestimmten, nicht als grundsätzliches Hindernis.

Diese Wahrnehmung beinhaltete unausgesprochen eine Entscheidung, die vielleicht problematisch, für uns Schüler aber eine Wohltat war. Im Gegensatz zu allem Berserkerhaften das mich bei einigen Begegnungen mit Japanern und Japanischem doch auch erschreckt hat, und so ganz leibhaftig in den Übungen des Atems und Sitzens und Stehens und Gehens konnten wir uns wohl geleitet dem Fremden öffnen. Es wurde plötzlich ein längst Ersehntes. Nur in dieser Öffnung waren die Schmerzen der Knie und Fesseln, das Ameisenbeissen in Füssen und Waden beim Zazen-Sitz schrecklich und lustig zugleich. Neue Unterscheidungen waren erwacht, für die es nur spärliche Vorläufer gab; besonders die zwischen den Schmerzen, die warnende Signale drohenden Schadens sind, und jenen, die mit dem allmählichen Durchdringen steif gewordener Gelenke, längst vergessener und darum unbemerkt uns bedrängender Schäden verbunden sind. Was uns schrecklich war, bedarf keiner Erklärung. Lustig war es, weil wir über die unsinnigen Erstarrungen zu lachen lernten.

Und schon hatte Dürckheim gewonnen. Er konnte uns, was wir eben unter Mühen geschehen liessen, als Durchlässigkeit zum vertrauten Grundsatz erheben. Heute frage ich mich, ob das Christentum etwas von Durchlässigkeit weiss. Ich fürchte, die Antwort ist nein. Der Heilige Franciscus liess mit den Wunden Christi an seinem eigenen Leibe Gott durch sich zum anderen Male Mensch werden. Die Tradition zumindest fasst dies aber auf wie eine Projektion des Menschensohnes auf den Sohn der Menschen, nicht als Ursprung neu aus ihm und durch seine leibliche Konkretion. Inkarnation ist in der christlichen Terminologie, ich meine ganz zu unrecht, dem einen Existenzwandel vorbehalten, der Geburt Christi aus dem Leib Mariens. – Wie empörend kleinlich, wenn Theologen auf dem «Unbefleckten» jener Empfängnis bestehen, als ob nicht eine spirituelle Unschuld durch alle Leiblichkeit möglich wäre, wie sie die Mythen und Legenden von Alkmene bis zu Herzeleide, der Mutter Parzefals, annehmen.

Wie konnte Graf Dürckheim, nachdem er durch jenen Osten gegangen war, nun in diesem Jahrhundert sich zum Christentum bekennen zwischen Entwicklungswahn nach dem Bilde der Weltmissionierung und der Behauptung eines persönlichen Gottes, dem doch als Gegenüber das Ego der westlichen Menschen nachgebildet ist?

Durch Jahrzehnte hörte ich, dass Graf Dürckheim von seinem japanischen Zen-Abt den Auftrag erhalten hatte, mit der Übertragung des Zen, das aus Indien nach China, aus China nach Japan übertragen worden war, nach Europa für eine neue Verwandlung die Verantwortung zu übernehmen. Und seine Antwort war das Christliche der Nächstenliebe. Mit einer staunenswerten Selbstverständlichkeit war es ihm das Christentum, aus dem die Verwandlung ihre neue Substanz zu gewinnen hatte. Erst in den Gesprächen der letzten Jahre mit ihm sagte ich einmal, für mich sei das Wort Gott dem Gemeinten zuwider. Er antwortete umgehend, darum spreche er doch seit je vom Überweltlichen. Aber, wendete ich ein, wir wissen dieses Überweltliche doch nicht jenseits, sondern ebenso in der Welt. Er sagte nur, alle Überlegungen einbeziehend und alle Einwände entwaffnend: «eben». Gut, denke ich, wenn es so verstanden wird, dann mag es auch das Überweltliche heissen. Es geht nicht um hier und dort, sondern um so und anders. Was wirklich darin zum Ausdruck kommt, kann ohnehin nur so begriffen werden, wie wir zum je einmaligen Augenblick uns stellen: «Wir sind Zeugen für das Überweltliche in der Welt.» Zeugen zu werden, ist die menschliche Form der Transparenz, und so teilt die Transzendenz durch uns sich der Welt mit, die auf so viele andere Weisen längst transzendent ist, nämlich in allen Formen der Bewegung, des Lebens, der Bedeutung. Aber diese eine, andere Weise ist von eigener, unersetzlicher Wichtigkeit, nicht mineralisch, nicht pflanzlich, nicht tierhaft, sondern menschlich begrenzt.

Die Aufgabe lautet, Zeuge der Transzendenz zu sein. Aber wie wird sie gelebt? Gewiss verlangt sie grosse Strenge. Bedeutet das klösterliche Entbehrungen? Die Frage ist falsch. Was bedeuten uns klösterliche Entbehrungen? Als ich in jungen Jahren nach Rütte kam und den Einweisungen in die Übung, den Klärungen des Lebensweges folgte, war Graf Dürckheim ein Mann in den sechzigern; zu mütterlich weise und auch zu sehr in ein Eigenes entrückt wie sonst vielleicht Grossväter, um der Vater zu werden, den ich immer vermisst hatte. Streng waren die Forderungen. Im Üben des Sitzens ging es darum, auszuhalten, bis die steif gewordenen Knie des Jünglings, die schmerzenden Muskeln der Schenkel geschmeidig zu werden lernten. Es galt, unnachgiebig zu sein, um den aufmuckenden Körper nicht die eben aufkommende Stille für sich und andere stören zu lassen. Diese Strenge kam aus derselben Quelle wie die Güte der Geduld. Ich spürte, dass da sich eine dem Osten vertraute, für uns manchmal herrische Strenge uns mitteilte, deren Durchhaltevermögen am Geschmack der Durchsichtigkeit gewachsen war. Zu wohltuend, um klösterlich zu sein. Wohltuend? Nein, eigentlich auch dies nicht. Versagung und Wohltat sind viel zu psychologisch auf unsere persönliche Bewertung bezogen. Das Wohltuende kam gerade damit, wie ganz und gar nicht dieses Üben mit Lob und Tadel zu tun hatte; vielmehr brachte es, wie immer in ersten Andeutungen nur, eine Verbindung wie eine Wiedervereinigung mit einer klaren, guten, wirksamen Weise zu sein, die den Vorgängen der Welt eigen ist. Sie ist auch uns Menschen, wenn wir es nur bei allem Bewusstsein unseres Gestaltens zulassen wollen, gegönnt. Das japanische Wort *ki* wurde uns hilfsweise als geistige Kraft übersetzt, wenn wir in *hara*-Übungen seines Wirkens in uns durch uns gewahr wurden. Aber es war geistig nur im Gegensatz zum westlich physikalischen Verständnis von messbarer Leistung gemeint. Es geht wohl nur darum, weder diese Wirkungen mit Worturteilen noch mit Besitzerstolz oder Neid zu belegen. Dazu brauchen Menschen, wenn sie erst einmal in alle Schemata der Erwachsenenmentalität geraten sind, wohl Geist und geistige Anstrengung.

Dass so das eigentlich aus sich selbst Verständliche derart mühsam erworben werden müsse, dem gilt das Zen-Gelächter. Ein freundschaftliches-Sich-selber-Auslachen. Lange habe ich gedacht, dass wir da über die Dummheit lachen, mit der wir uns überflüssige Hindernisse schaffen, um sie dann wieder auflösen zu müssen. Im Gelächter käme so zum Ausdruck, dass wir gutwillig die Folgen unserer Torheit auf uns zu nehmen bereit sind. Nun beginne ich es tiefer zu verstehen. Die Hindernisse sind nicht überflüssig, und wir lachen auch noch darüber, dass wir hatten glauben können, die Welt sei ohne Hindernisse und Widerstände gemeint. Was ich im Grunde meines erst schrittweise sich begreifenden Verständnisses durch Dürckheim vom Zen des Ostens aufnahm, hat intelligibel und ohne den Weg durch den Leib der rationalste aller Philosophen gesehen. In der Einleitung zur *Kritik der reinen Vernunft* können wir das Gleichnis von der Taube lesen, die töricht genug sein könnte, sich zu wünschen, dass ihr Flug vom lästigen Widerstand der Luft befreit würde – noch vor dem ersten Flügelschlag würde sie wie ein Stein zu Boden fallen.

Der Widerstand als Bedingung und Helfer in die Freiheit. So nannte es Graf Dürckheim nicht, wenn er eine der wichtigsten und schönsten Geschichten seines Lehrens erzählte. Aber, ich meine, an seiner Heiterkeit, diesem leichten listigen Nebenton in der Führung zur Pointe, haben wir es alle so gehört. Im engeren Kreise eines Zen-Ortes in Japan ist einer, der nicht wie die anderen schon zu einer Erleuchtung gekommen ist; nicht einmal zu einem kleinen Augenblick des *satori*. So will er keine Gelegenheit versäumen. Noch in den Pausen zwischen den Übungen sitzt er, fest zur Sammlung entschlossen, auf einer Strassenbank und harrt aus. Da sieht ihn im Vorübergehen ein alter Mann und tritt zu ihm, legt die Hand auf seine Schulter und sagt, «es pressiert nicht».

Aber Karlfried Graf Dürckheim war aus dem Westen gekommen, aus Deutschland, und war nach Deutschland zurückgekehrt und hatte noch lange nicht alle abendländischen Gebots- und Verbotsregeln der Strenge abgeschüttelt. Ich machte mit einem moralisierenden Tonfall bei ihm in Fragen des Sexuellen meine unheimlichen Erfahrungen. Da kam die andere Strenge auf. Da traf ich wieder auf das Protestantische, das ich durch meine unkirchlichen Eltern als halbe Befreiung zu preisen und als doppelte Enge zu fürchten gelernt hatte. Ich fühlte, dass damit das Christentum, von dem Dürckheim sprach, nichts zu tun hatte, und wagte nicht weiter zu fragen. Die Frage wäre auch überflüssig gewesen. Damals, meine ich heute, war mein Lehrer soweit noch befangen in etwas unbewusst Übernommenem, das ihm selber zu schweren Kummer bereitet hatte, als dass er es schon hätte hinter sich lassen können. Später war er hindurchgegangen und half den Jüngeren in einem ganz freien Verständnis, und die Frage erübrigte sich. In den letzten Jahren hat er dann als Freund mir, zwischen den Phasen unterschiedlicher Anwesenheiten auf seinem Siechenlager, die Geschichte von dem, der ausharrte, sein *satori* zu treffen, wieder einmal erzählt. Nun erzählte er sie von sich selbst.

Damit wird noch einmal die Frage nach dem, der da erlebt und erzählt und lehrt, in Wirklichkeit die Frage danach, wer da so mit der Welt und sich lebt, in eine neues Licht gerückt. Zu der Zeit, als ich zu Graf Dürckheim kam, war allgemein die Anrede mit dem Titel und dem Namen derart üblich, dass wir uns doch unwillkürlich wie identisch mit der uns gewohnten Bezeichnung empfanden. Er machte damals von seinem Professorenrang nur in öffentlichen Vorträgen am dritten Ort Gebrauch. In diesen frühen sechziger Jahren war es aber, dass er sich damit beschäftigte, den Karlfried als den Wesentlichen herauszuarbeiten. Titel und Name, Familie und Berufsstand wurden wohl zu Synonymen dessen, was er das Kleine oder das Welt-Ich eines Menschen nannte. Psychisch und semantisch meinte er damit gewiss ziemlich das gleiche wie Lacan, der ebenfalls zu dieser Zeit vom *petit moi* und vom *grand moi* zu sprechen begann. Aber ihm ging es doch um etwas anderes viel mehr. Gewiss war hinter der gesellschaftlichen Rolle der individuelle Mensch zu entdecken und womöglich zu befreien. So hatte er selber mit der Herrschaft von Steingaden über die weltlichen Güter, denen das Welfische Prämonstratenserkloster und dessen Tochtergründung der Wallfahrtskirche Wies von jeher zugehörte, sich für ein Leben entschieden, das nicht ein innerliches sein sollte, aber das er von innen her leben wollte. Dem entsprach die japanisch erweckte Formel seiner Aufforderungen für unsere Beziehungen zur Welt. Wir sollten uns darin üben, in die Stille, etwa des Waldes um Rütte, zu horchen. Wie dieser Aufforderung die zweite folgte, dann reif zu werden, um in «die Stille hinter der Stille» zu horchen, so war nach innen die Wendung zum Grossen Ich zu verstehen. Seine kluge Umschreibung der Individualität lautet, uns zu fragen, wie wir wohl gemeint sein mögen, und davon unser Leben dahin führen zu lassen. Dabei muss jedoch zugleich unweigerlich spürbar werden, dass ein Unfassbares, in dessen unnennbarem Namen wir uns gemeint wissen dürfen, in uns wie in allen anderen Wesen und Vorgängen, wenn auch auf immer verschiedene Weisen, sich selbst meint. Da geht es nicht um die Vorstellung vom menschheitlichen Unbewussten, wie sie C. G. Jung in Archetypen geprägt, wie sie Jacques Lacan oder die grossen Surrealisten oder Aby Warburg zu einem numinosen Gedächtnis der Menschheit geronnen sahen. Solche Momente kommen mit eigener Berechtigung hinzu. Im letzten Sinne würden aber auch sie, wie auf ein Gemeintsein zu achten ist, hinter dem Gemeintsein verstellen, wenn sie nicht eigens noch einmal darauf reflektiert und geöffnet werden.

Der übliche Begriff des Subjekts dafür muss vermieden werden, ohne dass wir damit die abendländisch herausgebildete Subjektivität verleugnen wollten. Es müssen nur die zur Erstarrung führenden Zurechnungsprobleme zurückgelassen werden, die in dem zentralperspektivischen System der westlichen Konstruktion im Fluchtpunkt einen Gott als Person und im Augenpunkt eine Person als Ego fixieren. Für die einmalige, als eigenste Antwort zu lebende Verbindung dieses Weltengrundes mit den begrenzten, bestimmten Bedingungen und Möglichkeiten dieser Lebensgeschichte sollte das Bewusstsein gestärkt werden, der Karlfried zu sein. Dieser Bewegung entsprach umgekehrt die der letzten Jahrzehnte, in denen er suchte, dieses einmalige und ewige Gemeintsein wieder dem Besonderen der Herkunft zu verbinden.

Seit der Jugend war die Fähigkeit ausgebildet, den Rang der Familie nicht als Anspruch nach aussen zu kehren, sondern nach innen zu richten, um eine Tradition des Unterscheidungsvermögens, der Zugehörigkeit zu grossen Zügen der Geschichte und des feinen Mitschwingens mit dem Begegnenden durchsichtig werden zu lassen für jede Art von Begegnung. Das Gefühl des Adels, in irgendeiner, vielleicht sehr machtpolitisch gedachten Form, wichtig zu sein, kann sich in Selbstbedeutung verschliessen. Karlfried Graf Dürckheim suchte es in ein Bewusstsein, bedeutend zu sein auf ein Weiteres hin, allumfassend zu machen. Und tatsächlich lud sein Beispiel alle Menschen zu vergleichbarer Lebensbewegung ein. Stellvertretend dafür war längst, wie das Wappensymbol der Dürckheims in einer eigentümlich ihm gemässen kalligraphischen Form zum Zeichen der Sammlung am Zen-Ort Rütte geworden war. Dahinter stehen andere, tiefere Verwandlungen. Aus der Abstammung von grossen jüdischen Bankfamilien war eine, vielleicht sogar verborgene, Tradition der Beziehung zur Transzendenz frei geworden, wie sie immer wieder die Erklärung abgibt, wenn im Westen dieses Jahrhunderts die Verstellungen durchschaut werden und ein visionäres Moment das Denken bestimmt.

Mit dieser grossartigen Verwandlung des Ererbten ins Menschlich-Geistige hängt zweifellos zusammen, was Dürckheim dagegen am wenigsten gelungen ist – oder genauer gesagt, wohl überhaupt nicht gelang. Sein früher radikaler Verzicht im äusseren Sinne und der noch radikalere im inneren Sinne durch die Reifung der Zen-Begegnungen war ohne jeden Zweifel rückhaltlos und zu völliger Gelassenheit gereift. Alles spricht dafür, dass diese Abwendung schon aus dem frühesten dankbaren Erleben von Nächstenliebe und Kunstverständnis gar nicht anders als eine Bereicherung von ihm empfunden werden konnte. Ich bin überzeugt, dass Karlfried Graf Dürckheim kein offen anspruchsvolles und auch kein heimlich schielendes Verhältnis zur Macht hatte und dass dieses bedeutete, in ihm einem Menschen einfach ohne jede Beziehung dazu zu begegnen. Ihm fehlte sogar die Intuition, die uns sagen muss, wo das reine Erleben sich dennoch nicht in Ohnmacht begeben darf und wo von anderer Seite Macht gerade den Ahnungslosen beschleichen kann. Es war ein ausgesprochenes Unverhältnis. Ich spreche ausschliesslich von Macht über andere, freilich im politischen, ökonomischen, gesellschaftlichen Sinne ebenso wie im alltäglichen zwischen einzelnen Menschen und ihren Gemeinschaften. Die vitale Kraft, die ein Leben zur Einsicht in die Aufgaben der Transparenz erst zu tragen vermag und die zur Durchsetzung gegen die üblichen und notwendigen Widerstände befähigt, war ihm ausserordentlich gegenwärtig. Sie findet sich wieder als der Begriff der Mächtigkeit in seiner Dreiheit von «Mächtigkeit, Rang und Stufe». Die drei Begriffe verstehe ich für uns, wie die Inder ihren Göttern Tiere beigeben als Symbol der vitalen Beziehung zur Tiefe, in Gegenständen Symbole für weltdurchgreifende Befugnisse und in Legenden und Bildern Symbole für die vergeistigende Kraft. Wenn er mir nahebrachte, bei der Ausbildung der beiden anderen Dimensionen gerade diese vitale Stärke nicht zu vergessen, so wusste er in mir die gleichen

Anlagen zu bemerken, die typische Versäumnisse seiner Geschichte, auf dem Hintergrund einer ähnlich sich begreifenden Familie, auch ihm zur Aufgabe gemacht hatten. Schwäche kann man dabei nur ein Gefühl unsichtbarer Überlegenheit nennen, das Adel in allgegenwärtige, aber nicht ganz übersehbare Bescheidenheit des Auftretens verwandeln kann. Während es dem Anderen zu dienen bereit ist, gibt es zugleich ein beruhigendes Gefühl, der eigenen Person und mancher Situation mächtig zu sein.

So sehr diese völlige Unberührbarkeit gegenüber der äusseren Macht die Qualitäten der bewundernswerten Tugend gewonnen hatte, ganz ohne jede Anstrengung einfach nicht für sich selbst zu wollen, so hatte sie doch die Kehrseite eines Unvermögens. Ich kann das Verhältnis beider Seiten mir nur in einem Vergleich mit der Unschuld des Parzefal erklären, die zu begreifen gibt, dass etwas an der Unschuld ist, das wir loszuwerden haben wie die Schlange eine zu enge, ihre Poren verschliessende Haut. Ich möchte hier nicht über die Fragen der Gestaltung in den praktischen Verhältnissen an seinem Wirkungsort nachdenken, die so weitgehend ihm abgenommen waren durch die Vorarbeit und Führung der Geschäfte und Geschicke unter den Händen von Maria Hippius. Dieses ist einfach ihr zu danken. Wichtig im Hinblick auf ihn scheint mir vielmehr, das je deutlicher, desto missverstandener ausgesprochene Verhältnis Graf Dürckheims zur Macht in der historischen Form des Nationalsozialismus zu sein. Im Gegensatz zu dem Ehrgeiz von Biographen, hier die deutungswürdige Verfehlung zu wittern, und der eifrigen Entdeckerfreude, auf der Seite der jüdischen Abstammung dafür einen strategischen Schwachpunkt zu finden, wird einer nüchternen Vergegenwärtigung der Zusammenhang von der so prägenden Tugend Dürckheims her klar. Es handelte sich so offenbar, wie es noch seine eigentlich bewusstlosen Antworten auf die entsprechenden Fragen im Zeitzeugenfilm belegen, einfach um ein Nicht-Verhältnis. Und gewiss hat Graf Dürckheim dessen Gefährlichkeit ebenso wahrzunehmen versäumt, wie er nicht einmal im Rückblick seine persönliche Gefährdung unter dem Dritten Reich, vor der Freunde ihm nach Japan zu entkommen geholfen hatten, in seine Lebensgeschichte aufgenommen hat.

Nicht gegenüber der Macht als abstraktem System, umso mehr in jeder konkreten Situation wäre er sich der Notwendigkeit und der Möglichkeit seines Beistandes bewusst geworden. Er hätte die drohenden Folgen ebenso fraglos auf sich genommen wie später die ihm unverständliche Haft nach dem Ende des Krieges in Japan, in deren Bedrängung er einzig die Bedingungen sah, die ihm zu einer neuen Phase des Abstreifens von willkürlichen Erwartungen des Kleinen Ich werden sollten. Wenn ihm auch seine grundsätzliche Verweigerung eine wichtige Wahrnehmung verstellte, so bleiben ihr doch fast tugendhafte Züge, wenn man, wie wir seine Haltung im nachhinein charakterisieren können, sich vor die Wahl zwischen Macht und Ohnmacht, für die er sich ohne Zögern entschieden hatte, gestellt sieht. Das wirkliche Problematische ist genau diese falsche Alternative. Zweifellos ist sie die verhängnisvolle Folge einer Geschichte der abendländischen Weltbemächtigungen und der Entwürdigungen aller Widerstände – von der Freiheit des Meister Eckhart, den die Kirche mundtot machte, bis zum Untergang von Jugend- und Reform- und Arbeiterbewegung unter dem braunen Gleichschaltungsterror.

Eine Kultur der Stille ist nicht möglich, wo noch gegen etwas geschwiegen wird. Aber auch der Schrei der Anklage oder der Aufschrei der Empörung bereitet ihr nicht den Weg. Wenn ein Stück unserer Geschichte noch keinen Menschen gefunden hat, der bereit ist, es anzuschauen und diesen Schmerz auf sich zu nehmen, vererbt sich die Aufgabe, Zeugnis zu leisten in der Frage danach, welchen Anteil an der heillosen Geschichte des Schweigens wir da erben und auf welchen eigenen Anteil an ihr dies in uns trifft. Dies sind zwei Fragen, die, obwohl sie verschiedene Sachlagen zu untersuchen geben, im Gestus des Fragens umso wesentlicher zusammengehören.

Mir liegt daran, in der persönlichen Schwäche, die in dieser wichtigen Hinsicht Graf Dürckheim nicht zum Mittler werden liess, einen uns allen anhängenden Charakterzug unserer Zivilisation zu erkennen. Wenn diese überwältigend durch Machtbesessenheit charakterisiert ist, und sei es, um der durch die Jahrhunderte unter ihr anwachsenden Lebensangst Schweigen zu gebieten, so weist uns die Lehre der Verwandlung, nach der wir die Hindernisse zu Helfern machen, zunächst den Weg in die Vermeidung, dann in die Unabhängigkeit von Macht – gerade aus der neu zu entdeckenden Liebe zum Leben und der Freude an ihm. Wie schwer, die neue Vorstellung zu gewahren, die darin uns verstricken kann, in solcher Unabhängigkeit zu verharren, der Aufgaben zur Konkretion uns zu enthalten und damit konkrete Forderungen der geschichtlichen Situation zu versäumen. So habe ich Maria Hippius immer verstanden, wenn sie Konkretion zum Leitwort der Wege erhebt.

Gegen die historische Abstinenz, freilich in der unfreiwilligen Form von Untätigkeit unter der Nachkriegsdemokratie von oben und von aussen, erhob sich die Studentenbewegung. Im Eifer der Empörung konnte sie, was Graf Dürckheim als Wegbereiter bereits geleistet hatte, nicht wahrnehmen. Sie sah nur den Verzicht auf Macht als Tatenlosigkeit, die neue Begründung von Freiheit in dem Anteil der Individualität am Ganzen der Welt als Isolation der Einzelnen gegen die Ebene des Sozialen. Da ich selber unter der Apathie und dem Rückzug des öffentlichen Engagements in der «Ära Adenauer» bis zu einer gewissen inneren Lähmung gelitten hatte, war ich sofort mit diesem neuen Elan. Ich war auch mit der Richtung seiner Kritik einverstanden, gerade weil mir die Einsichten in die wahrhaften Aufgaben des Menschseins aus der gedanklichen Begründung im Wesen der Welt und in der leiblichen

Begründung in den Kraft wie Gelassenheit spendenden Übungen der Stille vollkommener Ernst geworden waren. So geriet ich zwischen zwei Seiten der falschen Alternative von Macht und Ohnmacht, ohne wirklich ganz den Charakter des Widerspruchs zu begreifen, weil die beiden einander entgegengesetzten Seiten sich verbargen unter den bejahenden Bewegungen auf beiden Seiten, die an sich eben nicht einander ausschlossen, sondern zu ergänzen versprachen.

Mich ereilte die Verirrung in die falsche Alternative auf dem anderen Ende, diesmal erneut verborgen in Einsichten, die zu neu waren, um in ihren eben sehr unterschiedlichen Potentialen recht abgewogen zu werden. Für den Ungeübten ist der Übergang vom Tatendrang zur Willkür nicht gut auszumachen und nicht recht vorherzusehen. Dies um so weniger, als ich wohl wusste, dass ich eine gehörige Schwelle von Scheu aus gewohnter Ängstlichkeit oder aus ungewohntem Mut noch überschreiten musste. Bei dem Symbol der roten Fahne war mir historisch nicht geheuer; das Symbol der Internationale hatte längst etwas von dem lächerlich Martialischen, das die Nationalhymnen blossstellte. Nur mit grosser Anstrengung hatte ich mich davon überzeugt, dass der grundsätzliche Verzicht auf Gewalt nur dazu verurteilte, die Folgenlosigkeit aller bisherigen schönen Besserungsideen fortzusetzen. Dabei ahnte ich wohl, dass meine Selbstüberwindung einmal der falschen Scheu und einmal der richtigen Ahnung galt, vermochte aber, ungeübt in allem öffentlichen Auftreten insgesamt, nicht die treffende Unterscheidung zu leisten. Menschen wie Graf Dürckheim mit seiner menschlichen Sympathie für das öffnende Engagement und Theodor Adorno mit seiner Erkenntnis von der Notwendigkeit der Veränderung und ihren gesellschaftlichen Zielen konnten mir beide, aus demselben Grunde wie ich selbst, in dieser Lage nicht helfen.

So habe ich mich möglichst vorbehaltlos einer Bewegung zugesellt, der ich so plötzlich, wie sie die allgemeine Starre durchbrach, nicht etwa einen wirklichen Erfolg zutraute, der ich mich aber um so weniger entziehen wollte, als sie eine unverhoffte und doch selber unsichere Öffnung darstellte. Die Gefahr, von der ich hier spreche, ist auch nicht die gewesen, dass die Ereignisse, an denen ich mich vorbereitend oder ausführend beteiligte, Menschliches oder auch nur nennenswert Sachliches zu Schaden gebracht hätten. Die Störung der Betonmonotonie durch Sprühschriften, die Aneignung der Strassen für einige Stunden zu Fuss den gewalttätigen Verkehr verdrängender Demonstrationszüge sind doch nichts wirklich Gewalttätiges. Sie bezeugen den grundsätzlich erklärten Aufgaben der Veränderung für eine freiere Entfaltung der Lebenshoffnungen und -tätigkeiten nur eine gewisse Entschlossenheit. Dass auch diese meinem Lehrer Dürckheim ganz fremd blieb, wie ich meine, musste ich ertragen. Seit ich zu ihm gekommen war, habe ich ihm meine Zweifel daran mit ernster Sorge vorgetragen, dass die Auflösung der historischen Verstellungen durch unsere Arbeit an uns selbst nicht die Menschen in den Büros und Fabriken erreichen würde, die auf sehr materiell manifeste Weise in die Deformationen durch diese Verstellungen gezwungen sind. Er hatte da andere Erwartungen. Ich hatte gelernt, ihm eine aufsässige Treue zu bewahren und ihm durch ebenso viel Kritik Glauben zu schenken. Umgekehrt war ihm grundsätzlich sehr klar, dass sehr tiefe Veränderungen erforderlich waren. Immer hatte ich über die Ruhe gestaunt, mit der er seine Erkenntnis aussprach, dass die Verkrustungen unserer Welt viel zu mächtig geworden sind, um nicht schwerster Erschütterungen zu bedürfen, wenn sie denn aufbrechen sollen.

Ich meine vielmehr eine Strömung in der Revolte, die zunahm mit dem Ausbleiben unmittelbarer Wirkungen, als statt dessen viele der Nöte in ihrem wirklichen Schrecken, in ihren faktischen und menschlichen Verstrickungen aufbrachen. So liess die neue Bewegung selber eine Art von Machtdrang in sich durchbrechen. Er wäre selbst von heute gesehen schwer festzumachen. Die gelegentlichen Phantasmen eines institutionalisierten Sozialismus waren nicht ernstzunehmen, und die straff in Organisation geratenden Parteigruppierungen verabscheuten wir schon wegen ihrer Anlehnung an die bekannten Systeme. Dem traten wir energisch entgegen. Vielmehr gab es einen unterschwelligen Zug, der inzwischen zurecht als eine Art von Mobilmachung begriffen worden ist. Eine Unruhe, die zur Gier nach Umsetzung, eine Allgemeinheit der Ziele, deren Eile den kleinen Ansätzen für die Freiheit der Dritten Welt, für die Selbstbestimmung von Mietern oder Frauengruppen keine wirklichen Aussichten mehr liess. Die Unfähigkeit, Hoffnungen und Einsichten stark genug im Bewusstsein zu halten, um sie nicht in überstürzte Erwartungen und unter dem Druck schneller spektakulärer Erfolge zu entleeren, hat immer wieder solche Entwicklungen hervorgebracht. Wir wussten fast nichts von Gandhi und haben seine Lehre des *satyagraha*, die alle Kritik mit Selbstkritik beginnt, verbindet und zusammenfasst, nicht zu studieren begehrt. Gewaltfreiheit nicht von dem Begriff der Gewalt, sondern von dem der Freiheit her zu begreifen und zu praktizieren, muss der Weg sein. Uns zwischen der Macht und der Ohnmacht zu halten, ist die Aufgabe. Selbstkritik ist die Methode dazu. Das Vertrauen aber, das dieses tragen muss und kann, wächst in der Erfahrung vom Grunde und vom Gemeint-Sein. Graf Dürckheim hat uns dafür das Vorbild gelebt. In dieses Gebiet des Politischen, des Ökonomischen, des Gesellschaftlichen seinen Mut zur Unbedingtheit und zum Mass in uns selbst zu übertragen, diese Aufgabe kommt eben uns zu, die wir sie zu sehen vermögen. Dafür können wir aus der Kraft von 1968 schöpfen, die sich noch nicht kannte, die von sich überrascht wurde, die unversehens mit einer theoretischen Strategie einer veralteten Zukunft verbunden wurde. In den Initiativen der Bürger gegen die technologische Macht der Kernspaltungsenergie ist diese Kraft geerdet und geläutert worden, wenn sie auch nicht die Zeit gefunden hat, zu einer geistigen Klarheit zu reifen, wie sie auf dem Boden etwa der indischen Tradition sich einstellen konnte. Inzwischen ist dies auch dort fast vergessen und zerfallen. Der Entwurf muss sich überall erneuern. Erinnerung bedeutet aber gerade, dass die gelebten Vermittlungen als Wegbereiter fruchtbar werden. Darin ist Karlfried Dürckheim ein mittelbarer Mittler, wenn wir ihm zu folgen verstehen und seine Gefährdungen als für uns gelebte Warnungen begreifen – wie denn eigentlich sonst?

Unsere Traditionen von Herrschaft hat er menschlich in die Durchlässigkeit geführt. Dem herrschenden Christentum hat er liebend seine Anlage zur Transparenz abgewonnen. Die Preussische Disziplinierung hat er in die Selbstdisziplin des Dienstes an der Transzendenz verwandelt. Und die forschenden Wissenschaftler? Das Bewusstsein der Künste? Er hat Achtung und Liebe für sie, Distanz von ihnen und Forderungen an sie genug uns vorgeführt, um uns auch in diesen Gebieten nicht ohne Beistand und Anregung zu lassen.

Ob wir wirklich an einer Jahrtausendschwelle stehen, wie so viele geglaubt haben, heute und früher? Die einen wollen dem Zeitalter entfliehen und erwarten die Befreiung durch die Zäsur von aussen. Die anderen sind zum Wandel bereit und erhoffen die Reife der Zeit, ohne die auch die wahrhaften Anstrengungen nicht zu wirken vermögen. Machen wir mit der Erwartung eines Wechsels uns nur das Bewusstsein eines Endes erträglich? Warum setzen wir plötzlich Vertrauen in ein Gesetz von «Stirb und Werde», dem unsere Geschichte seit tausend Jahren immer stolzer und immer verzweifelter zu trotzen versucht? Weil es eine Wahrheit des Lebens ist. Aber der alte Trotz hat uns noch nicht reifen lassen dafür, mit dieser Wahrheit uns neu dem Leben hinzugeben. In seinem Bewusstsein der Verstellungen aus der westlichen Geschichte, zu denen dieser Trotz als Verkehrung des schönsten Lebenswillens gehört, hat Karlfried Dürckheim uns die Übungen des Reifens gelehrt. Eine japanische Fähigkeit, uns als Glieder des Grossen Lebens zu verstehen, das Hegels Wort von der Weltseele doch allzu sehr noch uns gegenüberzustellen geneigt ist, hat er in eine freudige Dankbarkeit gekehrt. Die grandiose Bekundung des je Einzigen eines Weges durch die Verstellungen der Geschichte und der Lebensgeschichte hindurch konnte er aufnehmen, um die Fixierungen des Ego zu durchschreiten und dennoch, die Geschichte des Individualismus weder festhaltend noch verleugnend, in die Freudigkeit der Individualität verwandeln.

Wenn sie denn kommt – und sie kommt sicher anders als wir sie projektieren könnten –, dann wird dies für die Begegnung mit unserer Jahrtausendwende reichen. Nur, sie zu leben, wird vielleicht dieses nächste Jahrtausend gerade erst ausreichen.

Mittler werden wir darin, wie wir Gegensätze durch uns hindurch auf ein sie Übergreifendes hin leben. In Gegensätzen haben wir es mit solchen Widersprüchen zu tun, die in unserem Bewusstsein, in unserer Lebensgeschichte oder in der Geschichte unserer Gemeinschaft bereits aufeinander bezogen worden sind, so dass sie einander sowohl ergänzen wie auch widersprechen. Ihre Unterschiede kehren die beiden Seiten gegeneinander, werden aber bereits auf ein übergreifendes Verständnis dieses Zusammenspiels begriffen. Die Seiten des Widerspruchs können so als Pole eines gemeinsamen Wirkfeldes ihre jeweiligen Kräfte vereinigen. Was wir vorfinden, sind freilich meist blosse Widersprüche, jedenfalls in der Tradition des Westens, die eher auf Entscheidungen für eine Seite als zur Ergänzung beider in einem Dritten drängt. Bei Widersprüchen geht es wohl tatsächlich darum, auf diese Weise sie zu überwinden und hinter sich zu lassen. Dem Polaren gegenüber, das in Gegensätzen wahrzunehmen ist und das in den Widersprüchen oft unter der sinnlosen Erstarrung ihrer jeweiligen Prägung denn auch zu entdecken bleibt, werden wir bald von neuem begegnen. Das muss so sein, weil dies zu den Existenzweisen des Lebens gehört, und wir tun gut daran, dessen gewärtig zu bleiben. Nach den Anstrengungen eines eben durchschauten und durch uns eingelösten Widerspruches vergessen wir das leicht. Alles kommt dann auf unsere Einstellung zu dieser Einsicht in die polare Existenzweise des Lebens an. Es geht bei wesentlichen Widersprüchen nicht darum, sie aufzulösen, sondern sie auf das gemeinte Dritte hin zu durchleben.

Als Einsicht können wir sie zu einer Philosophie ausarbeiten und die Phänomene und Fragen unseres Lebens auf sie beziehen. Dann stellt sich früher oder später die Frage, ob wir, was wir da eingesehen haben, bejahen oder verneinen. Die deutlichste Form der Verneinung sehe ich in den Lehren der Abkehr vom Leben, die unser Ziel darin erkennen, uns den Gegensätzen zu entziehen, weil doch offenbar dies nur eine Erscheinungsform und deshalb eine Täuschung über die eigentliche Einheit des Seins sei. Identitätslogisch ist das so. Die Lehre der Unterscheidung von Shankara scheint dies zu sagen, wenn unsere Übersetzungen den alten Inder des siebten Jahrhunderts nicht missverstehen lehren. Westliche Asketen haben meist eine entsprechende Entscheidung zur Abkehr vom Irdischen, von der weltlichen Wirklichkeit als der falschen Wirklichkeit getroffen, ohne zuvor tief genug sich mit deren Wesen und Formen beschäftigt zu haben. Aber auch sie lehren die Kunst der Unterscheidung als die Übung, die täuschende Erscheinung zu unterscheiden vom wahren Leben, das durch Einheit, durch die Einheit der Seelen mit Gott ausgezeichnet ist. Aber so finden wir aus dem Dualismus nur zum Monismus, nicht zum Non-Dualismus einer wahren *coincidentia oppositorum*. Die Unterscheidung zwischen den Erscheinungen und damit gerade das Gewahrwerden der Gegensätze ist für die einen Ablenkung und für die anderen Vorstufe. Beiden fällt sie ins Menschliche, das die einen weltliches Irren, die anderen Stufen der Initiation nennen. Zu leben gilt es ihnen im Bewusstsein der eigentlichen Einheit. Wenn im Westen von der Sünde oder bei anderen von Verirrung die Rede ist, verwerfen beide die Freude an allem Welthaften.

Das ist unendlich traurig. In Wahrheit liegt eine Undankbarkeit darin. Das Wort klingt in unseren Ohren nur nach einer anderen Art von moralisierendem Vorwurf. Es soll aber nicht als Aufforderung zu einem schlechten Gewissen verstanden werden, das uns zu einer förmlichen Danksagung veranlasst. Der Dank, um den es hier geht, heisst, das Leben mit seinen Herausforderungen und seinen Einladungen so freudig wie möglich anzunehmen. Dazu gehört auch, uns aller solcher Bewertungen mit endgültigem Anspruch zu enthalten. Wir sehen und erleben, dass die Bewegungen des Lebens sich zwischen Gegensätzen abspielen und entfalten. Brennen mag nie ein Scheit allein. Zwei Scheite brennen, aber nicht indem sie zwei sind. Das Feuer schlägt auf zwischen den Scheiten, weil im Spalt die Luft aufsteigen kann. Ich sehe weder eine Notwendigkeit noch eine Berechtigung für uns, eine Entscheidung zu treffen für eine Seite eines Gegensatzes noch für die Gegensätze oder für die tiefe Einheit, wo diese sich uns in der Welt unserer Wahrnehmung, durch Gegensätze hindurch, in immer neu entstehenden Situationen des Zwischen zu erleben gibt.

Davon ist hier die Rede aus einem doppelten Grunde. Graf Dürckheim ist uns Wegbereiter darin, dass er Mittler wurde, aber indem er nicht für uns das Mitteln, Vermitteln, die Gegensätze erledigt hätte. Vielmehr sie zu gewahren und durch ihr Zwischen die neue, klärende, übergreifende Konstellation zu gewinnen, ist der Weg. Er hat eigentlich nur nebenbei Wege bereitet, eben soweit die von ihm durchlebten Gegensätze auch noch die unseren sind. Wichtiger ist das Vorbild mit seinen

Mahnungen und Ermutigungen, wie solche Wege zu sehen und zu gehen sein können. Dabei werden wir seine Gegensätze auch erst als die unseren zu erkennen haben. Von Schritt zu Schritt wird der Horizont sich durch neue Orientierungen erweitern. Gleichzeitig sind wir doch in jedem Augenblick auf die völlige Entsicherung zurückgeworfen, die uns einer Freiheit aussetzt, die gerade darin Freiheit ist, dass nichts uns im Entscheidenden auf sie vorbereiten konnte – ausser der Übung darin, standzuhalten.

Dieses Standhalten ist erschreckend, weil wir eben nie wissen können, was es ist, dem wir jetzt standzuhalten haben. Darin gerade liegt sein Besonderes, dass es in dieser Weise um ein Ursprüngliches geht, weil es uns unvorbereitet und unvorbereitbar trifft. Sehr wohl können wir jedoch uns üben darin. Gabriel Marcel hat so schön gesagt, ganz der fromme Existenzialphilosoph, dass wir nichts tun können, dass wir aber uns bereit machen können. Uns bereit zu machen, bedeutet gewiss in einem grossen Masse, zuzulassen und es willig aufzunehmen und vielleicht sogar daran bewusst mitzuwirken, wie Erfahrungen unseres Lebens in uns ein Gefäss bereiten.

Graf Dürckheim hat uns darüber hinaus wesentlich Anleitung gegeben. Gerade indem er uns die Übungen des Zazen lehrte, ohne sie unmittelbar mit den intellektuellen Lehren der buddhistischen Philosophie zu verbinden oder auch nur nachdrücklich zu begleiten, ist deren Weg für uns der von Erfahrungen in der Freiheit von allen jenen Problemen der Bewertung geworden.

Auf Bewertungen hat das Abendland sich konzentriert – mit gut und böse, falsch und richtig, fortschrittlich und reaktionär usw. Gerade die Befreiung, die Selbstbefreiung davon ist durch das Vermächtnis des Ostens verbunden mit der Kunst der Unterscheidungen, die im Antworten unseres Handelns und Denkens um so klarer zu befolgen sind. Die im Westen einsamen Mystiker vom Heiligen Johannes vom Kreuze

bis zu Jean Genet sagen uns ebenso, es geht darum, das Bewerten wegzulassen, das uns die Zugänge verstellt. Die unterscheidende Benennung nimmt uns eben noch nicht das entscheidende Abwägen ab; wir müssen uns aussetzen ohne Zuflucht zu den verkündeten Prinzipien. Freilich brauchen wir dann auch Gewohnheiten, wie wir den täglichen Wiederholungen bestimmter Entscheidungen zu begegnen wissen – eine praktische Notwendigkeit, die selbst rasch wieder verstellen kann, was sie fördern soll. Auch das Sich-Aussetzen kann zum Selbstzweck werden. Unterwerfungsrituale sind nicht besser als Überlegenheitsrituale. Beide dienen einer Selbstbewertung.

Traditionen bringen viele Gewohnheiten hervor, gerade auch Gewohnheiten des Unterscheidens – etwa von Männlichem und Weiblichem, Kindheit, Jugend, Erwachsenenalter und Greisentum. Die Moderne hat die Gewohnheiten der Tradition zwar weitgehend aufgelöst, aber durch neue, rational begründete, ersetzt. Nie war die Situation darin so schwierig wie heute, da wir in einem doppelten Widerspruch stehen. Wir entbehren diese Entlastung im heutigen Alltag, um unsere Kräfte den je neuen Aufgaben im grossen zuwenden zu können. Die Gewohnheiten der Vergangenheit mit ihren Verschliessungen sind es gerade, was uns Traditionen unfruchtbar oder unzugänglich macht, an die wir vielleicht anknüpfen könnten. Wenn eine Zeit an eigentlich allen grossen und kleinen Aufgaben und Fragen in diese überfordernde Lage gekommen ist, dürfte die Zeitenwende anstehen. Ob sie geleistet werden kann, ist eine andere Frage. Sie muss jedenfalls über den Widerspruch von Verneinung und Bejahung hinausführen.

Ob nicht die letztliche Verneinung der Welt durch Shankara und andere indische Philosophen mehr einer unwillkürlichen Übersetzung durch den Westen in die ihm unausweichlich erscheinenden Bewertungen entspricht, muss vielleicht noch offen gelassen werden. Bei Schopenhauer ist dies sicher der Fall. Immerhin hören wir doch von einem Non-Dualismus im Gegensatz zu unserer, wiederum zur Bewertung verführenden, Alternative von Dualismus oder Monismus. Mensch und Gott, Dinge und Welt sollen im Abendland immer entweder ein für alle Mal getrennt oder überhaupt nur eins sein. Vom alten Indien, etwa im *Satipathana*, und von zeitgenössischen Indern, etwa von Jit Singh Uberoi, bekommen wir Aufforderung und Anleitung, wie wir dem Leben im mehrschichtigen Bewusstsein des einen wie des anderen Gesichtspunktes und des Zwischen, das sie uns als Feld des Gewahrens und Antwortens bilden, zu begegnen vermöchten. Und gerade dahin führen uns die ausserordentlichen Klärungen der buddhistischen Welt- und Selbstbetrachtung.

Seine Schüler hat Graf Dürckheim in solches Denken nur im behutsam auswählenden Stile der Legenden und des *koan* eingeführt; nicht als selbständigen Lehrgegenstand, sondern zur Vertiefung, zum Aufwecken, ja, zum Aufschrecken, oder um uns der liebevollen Behütung durch die grossen Vorgänger zu versichern, während wir uns der Übung widmen. Dies ist das Wesentliche in seiner Lehre: die Übung der Stille als die Öffnung zum Grunde.

Die Betonung des Beckens als Boden des Atems begleitete alle Übungsstunden bei Graf Dürckheim, die bei ihm, anders als später, das individuelle und das gemeinsame Sitzen anleitend, überprüfend und ihm aufhelfend vorbereiteten. Wie einleuchtend ist die Haltung mit seitlich untergeschlagenen oder zum Lotus übereinandergelegten Unterschenkeln, indem sie das Becken dem Boden nahe bringt, der uns im Aufruhen trägt. «Schwer mit dem Gesäss auf der Erde ruhen, leicht mit dem Kopf in den Himmel ragen.» Die das Atmen bestimmende Polarität zwischen Himmel und Erde; sie wird begleitet von der anderen des Rhythmus zwischen dem einfallenden Sichzusammenziehen im Ausatmen und dem sich weitenden Aufrichten, wenn der Atem langsam und wie von selbst wieder in uns einzieht.

Wie recht hatte Graf Dürckheim, gerade das Schwerwerden im Loslassen der Verspannungen zu betonen, dem der ausströmende Atem die Räume des Leibes von den Schultern bis in die Hüften, selbst in den Gelenken und Muskeln der Beine freigibt. Nur aus dieser Gelassenheit und durch die Schwere hindurch können wir leicht werden. Nur von dem Anderen des einströmenden Atems können wir uns aufrichten lassen und unsere neue Form empfangen, nicht von gewaltsamen Anstrengungen, die uns nur gerade und fest machen würden. Nur in der Achtsamkeit des Loslassens, in der Aufmerksamkeit für die Weitung des Leibes dabei können wir etwas tun, um dem Geschenk des Atems so beglückend begegnen zu können, dass darin die rechten Spannungen, die vom unteren Rücken her uns aufrichten, stärker zur Wirkung kommen. Dies zu allererst zu erleben, dies im Üben zur eigenen Erfahrung zu machen, war die wahrhaft existentielle, die leibliche Entsprechung zu Gabriel Marcels christlich existentiell gedachter Figur des Bereitwerdens. Sie muss sich wirklich vollziehen. Wie recht hat Graf Dürckheim, noch heute, die Bewegung des Loslassens und damit den Pol des Unten zu betonen gegen die Leib- und Geistesgeschichte Europas, die unter dieser Frage zu untersuchen darum meine Habilitation zur *Naturbeherrschung am Menschen* angelegt wurde. Von der militärischen Haltung über die gebrüstete des hochwohlgeborenen Ganges bis zum Sprung der Ballettänzer ist seit Beginn der Neuzeit alles Leibbewusstsein auf die Verselbständigung des Körpers gegen das Plumpe der Erdenschwere gerichtet gewesen. Sie als das Tragende wieder anzunehmen, ist gewiss die Grundübung, die uns not tut, um ins Lot zu finden und aus dem Lot heraus der Welt ins Auge zu blicken.

Und wieder nehmen uns die Gefahren der Einseitigkeit gefangen, die der Betonung gegen die historischen Verstellungen antworten soll. In den späten Jahren hat Graf Dürckheim selber begonnen, der Freude am aufsteigenden und sich ausbreitenden Atem die gleiche Sorgfalt zuzuwenden. Lange blieb das Ausatmen die vorwiegende Aufgabe. Solange klang auch etwas von einer Pflichtschuldigkeit dabei mit, wenn auch nicht mehr die verdammte Pflicht und Schuldigkeit des militärischen Dienstes. Aber die liebevolle Fürsorge für die eine Freude wie für die andere trat noch hinter der Sorge zurück, dem bis zur Verhärtung entwöhnten Leib die Empfänglichkeit abzugewinnen. Das schöne Wort von der Durchlässigkeit ist schliesslich unweigerlich mit entschlossener Disziplin verbunden. Nicht im Schweisse des Angesichts, wohl aber gegen die oberflächliche und manchmal hartnäckige Revolte unserer Glieder wird sie frei. Und erst dann kann von dem wunderbaren Wechsel zwischen unten und oben im Rhythmus von Sinkenlassen und Auftauchen die Rede sein. Und erst dann verliert das traditionell uns erschreckende Wort vom Tod für das Loslassen und von der Wiedergeburt für die formfindende Aufrichtung das, was bewirkt, dass wir uns ihm verweigern. In der Korrespondenz zu ihm wurde nun nicht nur von *hara*, «der Erdmitte des Menschen», sondern auch vom «mittleren Herzen» gesprochen.

Wie weit Graf Dürckheim dabei die Weitung zum Gegenüber mit der Welt vor uns, um uns, neben und hinter uns meinte, vermag ich nicht auszumachen. Angelegt war sie zweifellos. Ob ich diese Dimension überhörte, weil die Betonung doch in das Ringen ums Loslassen nach unten so viel stärker war oder weil ich selbst zu der doppelt neuen Begegnungsweise meiner Existenz zum Boden und zum Gegenüber noch nicht mich aufschliessen konnte, vermag ich nicht zu sagen. Auch die ganze Bedeutung des Himmels als des oberen und freilich so ganz anders gearteten Poles und Ankers ist mir erst viel später und auf andere Weise aufgegangen. Die wirklichen Öffnungen zur Weite und damit auch das Moment der Auseinandersetzung mit dem Gegenüber, statt seiner achtend neugierigen Aufnahme in mir, dies lernte ich in der Zäsur, die sich in mir auftat, als ich mich zugleich der Studentenrevolte einbezog.

Während ich mich vom Vollversammlungsbetrieb und den Diskussionen und Aktionsvorbereitungen im Pensum der Gruppen zurückzog, um die sitzende Übung zu machen, kam die schliesslich falsche und zunächst heilsame Beobachtung auf, dass ich wohl tatsächlich mich gegen die anderen dabei abgrenzen und so mich isolieren könnte. Ich entdeckte beglückt, wenn auch wieder mit unsäglichen Widrigkeiten, eine Wirklichkeit, die sich mit anderen teilen liess, die mich mit anderen verband, weil wir tätig wurden, um die historischen Verstellungen – gar nicht falsch Unterdrückungen genannt – in eigenen Lebenstätigkeiten zu durchbrechen. Statt eines allgemeinen Bodens für entfaltende Antworten auf die Erfordernisse und Einladungen des Lebens bildete sich vorerst eher etwas von freundschaftlich kritischer, zusammenwirkend aufbrechender Gemeinschaft zwischen denen, die sich der Sache und einander hinzugeben suchten. Nur umständlich behindert und mit Verletzungen verbunden konnte dies auf den Weg kommen, wenn wir etwas von dem neuen Wissen voneinander in die anonymen Grossveranstaltungen einzubringen oder wenn wir das eben sich bildende Vertrauen zueinander mutig zu erproben suchten. Und das war rasch notwendig, sobald wir auf Arbeiter trafen, deren Zustimmung wir suchten, oder Auseinandersetzungen mit Widersachern zu bestehen hatten. Desto weniger glaubte ich mir die kostbare Einsamkeit meiner Stille leisten zu dürfen, für die, bis auf einen selbst zu solchen Einwänden bereiten Freund, niemand unter den Kämpfern gegen das herrschende System das geringste Verständnis aufbringen konnte.

So besann ich mich auf die geradezu berauschenden Eindrücke bei einigen Aikido-Übungen mit Meister Casterman während eines meiner regelmässigen Aufenthalte in Rütte. Das waren Partnerübungen, also im Gegenüber. Und die im

Sitzen gesuchte Konzentration wurde dabei in der Bewegung gewonnen; nach aussen tätig und nach innen um so aufmerksamer. Mindestens bei meiner eher zur Introvertiertheit neigenden Lebensgeschichte hatte ich recht, darin die Ergänzung zu suchen. Ich habe aber nach zehn Jahren aufgehört, in ein Dojo zu gehen; in den Gliedern und im Sinn geht es wohl unauffällig weiter. Den Entschluss fasste ich bei der Sitzübung, die den Techniken der Bewegung vorausgeht. Ich spürte, dass ich solange sitzen bleiben wollte, bis das Bewusstsein der inneren Bewegtheit von allein zu äusseren Bewegungen im Aufstehen und Gehen führen würde. Als dies geschah, wurde mir bewusst, welches der Unterschied ist zwischen innerer und äusserer Bewegung, und ich begann, die eine in der anderen zu üben. Gleichzeitig las ich bei Wilhelm Reich, dem Psychologen der politischen Linken, der praktizierend seine eigene, neu alchimistische Kosmologie entworfen hat, was mir fehlte, um von der Weite und zum Gegenüber genau vollziehbare Vorstellungen auszubilden. In seinen Büchern spricht er davon – Übungen aus seiner Schule sind mir nie zugänglich gewesen –, wie zwischen dem Vor-uns und dem Hinter-uns die Brust zum Leibort der Selbsterfahrung für uns und der Selbstbehauptung in die Welt hinein werden kann. Entsprechend erschliesst er im Beckenraum, ebenso zwischen rückwärts und vorwärts, eine Ebene der Selbstbehauptung und der geschlechtlichen Beziehung zur Welt.

Von ihr hat uns Dürckheim leider wenig zu sagen gewusst. Ich meine zwar, das sei immer noch besser gewesen als der Hexensabbat von Drogen und Orgasmus, der dann bald auf uns losgelassen wurde. «Lest Wilhelm Reich und handelt danach», das brachte manche vergnügliche Lust und manchen nicht ausgebliebenen Kater. Aber auch daran, dass dafür Raum und Bedarf war, dürfte die Zurückhaltung, an die sich auch unser Lehrer hielt, nicht ganz unschuldig sein. Die Empfehlung, eine Lust ohne Orgasmus zu pflegen, war wohl etwas einsam. Sie hat sich andererseits, wahrscheinlich sogar letztlich zu unrecht, bald als überholt gezeigt. Wie die beiden Ebenen, die Wilhelm Reich im Horizontalen der Brust und des Beckens erschliesst, ergänzend miteinander zusammen zu wirken vermögen, ohne sich, nicht nur gegeneinander, sondern auch gegen das Ganze selbständig zu machen, ist schmerzlich offen geblieben.

Jedoch auch dies so sehen, womöglich einmal so erlebend gestalten zu können, geht doch auf die Übung des Loslassens zurück, besonders auf die Achtsamkeit für das, was im Loslassen auftauchend uns sich zeigt, auf «die Öffnung zum Grunde».

Goethe wusste von «zweierlei Gnaden» im Atmen, dem Loslassen im Ausatmen und der neu geschenkten Form im Einatmen. Wir lassen die gewordene Form und damit die verfestigte Wirklichkeit los, die der Vergangenheit angehören. Wir gewinnen eine neue gegenwärtige Form und Wirklichkeit, die uns dem auf uns Zukommenden entgegenträgt oder ihm entgegenzutreten bereit machen. Doch zwischen Vergangenheit und Zukunft tritt eine Zäsur. Das Dritte ist nicht Gegenwart in demselben Sinne, wie wir das Ausatmen und das Einatmen ganz als Gegenwart leben. Wenn schon die Zazen-Übungen insgesamt geeignet sind, uns die messbare lineare Zeit abstreifen zu lassen, so geschieht, wenn wir glücklich sind im Üben, dazwischen unscheinbar und ergreifend ein kleiner Übergang zum Ewigen. Dürckheims Worte sind so genau in ihrer andeutenden Geste. In dieser dritten Zeit des Atems können wir uns *öffnen* zum Grunde. Die Bewegung ist unsere. Die Begegnung bereitet sich in uns durch eine Öffnung vor. Es ereignet sich, wenn es geschehen mag, etwas zwischen uns und dem Anderen, das Grund genannt wird. Da gibt es nichts zu gründeln und zu bohren. Uns zu öffnen bedeutet ebenso, die uns im Beckenraum auch im Sitzen noch nach unten abschliessende Muskulatur durchlässig werden zu lassen. Gewiss spielt der Schliessmuskel, des Freudschen

Analcharakters liebster Bündnisgenosse, eine hervorragende Rolle, aber doch nur in Übereinstimmung mit der ganzen Unzahl gröberer und feinster Häute und Halterungen.

Mindestens ebenso deutlich und wichtig ist die Übersetzung des muskulären Loslassens in der Geste des Annehmens, die sich in der doppelten Bereitschaft, immer mehr oder weniger gelingend, ausdrückt, die bislang erworbene Form, Einstellung, Haltung aufzugeben und einem noch Unvertrauten entgegenzusehen. Dies ist die Durchlässigkeit des eben erworbenen Standpunktes für eine neue Bewegung des Sinns. Wir können nicht vorher wissen, welchen Sinnes wir danach sein werden. Gewiss ist indessen, dass wir ein kleines bisschen weniger Ich und auch mehr wir selbst sein werden als zuvor. Weniger wird das Ich geworden sein, das wir «selbst» gemacht haben, auf das wir stolz sein können, mit dem wir keine Überraschungen erleben werden. Mehr werden wir «Zeuge für das Überweltliche in der Welt» sein können und dies auf unsere je ganz unverwechselbare Weise.

Ich habe zunächst von einem Übergreifenden zu den Gegensätzen gesprochen. Das ist logisch gesehen auch zutreffend. Dieses Dritte begreift, was einander gegenüberstand, gleichermassen in sich, vereinigt also zwei Seiten in einem Moment von höherer Ordnung, wenn mit höher eine komplexere und differenziertere gemeint ist. Wenn wir uns nun der Wirklichkeit der Vorgänge und des Erlebens zuwenden, müssen wir die Metapher umwenden, um einen sinnvollen Begriff zu bekommen. Ich spreche deshalb insofern von einem uns Tragenden oder einem Unterfangenden. Das ist die ontologische Seite.

Zwei Weggefährten von Graf Dürckheim, Jean Gebser und Ursula von Mangoldt, haben in der Anmerkung zu einem Begriff von Täuschung des Bewusstseins in Shankara's Buch der Unterscheidung den «Grund» auf eine so eigenartige Weise erläutert, dass sie hier überlegt werden soll. «Der Leser sollte sich ... einen Film auf eine Leinwand projiziert denken. Die Leinwand würde ‹*Brahman*› entsprechen, dem ‹*Grund*›, einem Ausdruck, dem wir in den Schriften der deutschen Mystiker in genau diesem Sinne begegnen. Dieser ‹*Grund*› bleibt unbemerkt, aber ohne ihn wäre die Welterscheinung unmöglich.» Vom Sanskrit her habe ich noch weniger die Möglichkeit, die Entsprechungen zu beurteilen, als aufgrund der mittelalterlichen Texte. So gut wie sicher bin ich aber auch ohnedies, dass hier ein modernes Missverständis vorgelegen hat, das zu genau der modernen westlichen Mentalitätsgeschichte folgt, um nicht auch heute noch bei sehr vielen eine Rolle zu spielen, die je unbewusster, desto unerschütterlicher wirken dürfte.

Weil wir an Grundlagen, Grundwasser oder Grundsee denken, stellen wir uns gern unter Grund etwas topographisch Tiefgelegenes vor. Das ist ein Missverständnis der Metapher, als ob es fast um ein Abbild ginge. Für die Beziehung der Menschen zu dem Grunde, wie sie in der Übung der Stille auftauchen kann, gibt es keine Möglichkeit einer Art von Lageskizze. Wer diesen Grund als Keller oder als Brunnenschacht denkt, versäumt oder verweigert die Transzendierung. Es gibt ebenso wenig eine Erfassung mit Hilfe einer Raumvorstellung im gewöhnlichen Neben- und Übereinander von Dingen, wie es eine Erfassung in den messbaren Zeiten gibt. Dieses Missverständis hat jedoch noch einen doppelten Boden. Ohnedies wäre es ein Unverständnis. Die Redeweise von der Leinwand und der Projektion enthält eine ontologische Hierarchie, als ob das eine der materiale Träger für die ideelle Realität des anderen, des projizierten Bildes wäre.

Gewiss trägt der Grund, wie wir gesagt haben, unsere Existenz. Jede hierarchische Interpretation ist indessen sinnlos. weil es gerade nicht um eine menschlich geschichtliche Beziehung geht; im übrigen wäre, wenn schon, dann eine umgekehrte Stufung die angebrachtere: Unsere *Existenz* ist doch, wie wir aus dem Sein, dem unfassbaren, als Erscheinung heraustreten. Mit Sicherheit ist mittelalterlich, nicht einmal spezifisch mystisch, der Gold*grund* der Tafelbilder ein zugleich die Geschöpfe Unterfangendes und, in ihrer Geborgenheit im Heiligen der Schöpfung, Überhöhendes.

Jedenfalls leistet in unserer Begriffs- wie in unserer Bildsprache eben das Paradox von Hintergrund und Verklärung, von Tiefe und Überhöhung, von Tragen und Transzendieren eine gewisse Entsprechung zu dem Gemeinten. Vielleicht hilft dieser Exkurs ins Begriffliche und Metaphorische dazu, den ebenfalls als Paradox zu beschreibenden, aber ganz anderen Charakter des Grundes in der Dürckheimschen Lehre, im Kontrast und doch durch Vergleich, zu verstehen. Es sind das Denken und das Erfahren, die Logik und die Ontologie, die hier das Zwiefache bilden und ein Zwischen möglich machen. Für den Gedanken passt das Begriffsbild vom übergreifenden Höheren, für die Erfahrung das vom unterfangend Tiefen besser. Gemeint ist ein Drittes, das so eben sich wirklich fassen lässt und eben darin dieses Höhere und Tiefere ist. Was wir fassen und wie wir erfassen können, vermag uns immer nur in diese Erfahrung hineinzuführen. Das nennt Graf Dürckheim die Transparenz, die Transparenz dessen, was bei ihm Welt heisst, auf das, was bei ihm Überweltliches heisst. Am ergreifendsten und bestimmendsten ist die Erfahrung der Transparenz, wenn wir sie an uns selbst machen. Und dies ist vielleicht das Geheimnis der Transzendenz, dass wir die Transparenz uns gegenüber immer nur zugleich mit der Transparenz, die in uns selbst aufscheint, gewahr werden können.

Graf Dürckheim sprach nicht viel von diesen Zusammenhängen, auch wenn er über sie auf vielfältige und schöne Weise geschrieben hat und uns zum rechten Zeitpunkt diese Bücher in die Hand gab. So wurde für mich sein Wort vom Grunde zur Erinnerung seiner Erfahrung, die es mit eigener Geduld und doch mit Nachdruck und in seiner Anleitung und im Schutze seines Vorbildes zu üben galt. Man konnte von ihr her auch daran denken. Aber nie hätte es umgekehrt sein können. Der Begriff konnte nur dazu dienen, die Erfahrung zu benennen, aus der allein er seine Substanz und seine unterscheidende Treffsicherheit gewann. Wie anders scheint mir das bei dem Philosophen zu sein, an dessen Ort ich auf dem Wege nach Todtmoos vorbeifuhr, an Todtnau-Berg. Gerade insofern die abendländische Metaphysik das Andere nicht transzendent erlebt, sondern transzendental, also gewissermassen mit der Vorstellung eines topographischen Jenseits zu denken versucht, weiss ich mich dem Heideggerschen Protest gegen diese Tradition sehr nahe – obwohl ich mich der gleichen Ablehnung bei Nietzsche lebhafter verbunden fühle. Um so unverständlicher muss mir bleiben, dass Heidegger ausgerechnet den Begriff des Grundes wie eine metaphysische Quelle behandelt. In Anlehnung an Dürckheims Übungsweg im Bewusstsein dessen, auf das hin wir uns zu öffnen vermögen, weil wir eigentlich ihm angehören, unter welchen begrenzenden und eine Existenz ermöglichenden Bedingungen auch immer, kann dies hier an einer Figur aus *Sein und Zeit* greifbar werden.

In der dem Existentiellen wohl nächsten Passage des Werkes kommt Heidegger zu der Einsicht, dass das Denken eines Menschen immer auch abhängig ist von dem, wofür dort der Begriff der Gestimmtheit gefunden wird. Zwei bis drei Jahrzehnte später begann Graf Dürckheim in der nächsten geographischen Nachbarschaft, leiblich-geistige Übungen zu lehren, wie sie, durch Welten entfernt, aus der indischen ursprünglich, dann japanischen Tradition, geeignet und bestimmt sind, eben eine solche Gestimmtheit in den Übenden zu bewirken. Freilich ist damit nur für diese Seite des Denkens gesorgt; nur wer sich ausserdem der Disziplin philosophischen Denkens unterzieht, kann hoffen, beide Dimensionen einander durchdringen zu sehen. Wirklich zugänglich wurde ein solcher Weg, der seinerseits Jahrzehnte erfordern mag, eben erst nach dem Weg in den Osten und einer Rückkehr wie der von Graf Dürckheim. Es wäre sinnlos, diese Übungen ausgerechnet mit Martin Heidegger in Zusammenhang bringen zu wollen. Doch die Fundamental-Ontologie bringt immer wieder Begriffe hervor wie die «Grundverfassung des Daseins», «Grundbefindlichkeit», «daseinsmässige Bezeugung des eigentlichen Seinkönnens». Sie verfolgt die Frage nach «dem Sinn des Seins» bis in die nach dem Sinn der «Angst». So ist es bemerkenswert, dass die Spur, die bis zu dem Begriff der Befindlichkeit des Denkenden geführt hat, gerade da ohne weiteres wieder abbrach. Immerhin war sie doch durch Nietzsche vehement und bildhaft in die Philosophie eingeführt worden, von Schopenhauer, wenn auch in den Tonarten der Melancholie, vorbereitet. Immerhin hatten inzwischen die neuen Bewegungen, vom Jahrhundertbeginn an, die leibliche Bedingtheit menschlicher Existenz auch als eine mögliche Führung zur Entdeckung von Welt und Selbst hervorgekehrt.

Da Heidegger durchaus die Fähigkeit entfaltet haben dürfte, sich im Zuhören, im Lauschen zu üben, bleibt die Frage, warum ihm nicht die Idee gekommen ist, der «Stille hinter der Stille» zu begegnen, was doch auch eine Öffnung zum Grunde wäre, und zwar eine, die uns weniger dem eigensinnigen Wege durch die viel ausdrücklicher leiblich vermittelte Erfahrung des Sitzens aussetzt. In meinem Essay zu Jeanne Herschs Buch *Sein Wirklichkeit Menschsein* habe ich die Überzeugung ausgesprochen, dass es Heidegger um den Gestus der Verkündung gegangen ist, für den er sich eben auch durch das Dritte Reich eine Plattform versprach. Die «Stille hinter der Stille» aber braucht keinen Verkünder. Entsprechend musste für ihn der Grund etwas sein, wovon es Eigentliches und Wesentliches zu sagen gäbe. Es ist wohl nicht auszumachen, ob Heidegger die Spur der Gestimmtheit, noch vor jeder

Untersuchung ihrer Bedingungen, abgebrochen hat, weil sich dergleichen für ein begriffliches Verkünden nicht eignet oder weil die notwendige zugrundeliegende Erfahrung ein existentielles Sich-Aussetzen des Denkenden verlangt, zu dem er so wenig bereit war wie andere abendländische Philosophen auch. Interessant ist, sich klarzumachen, dass eben in diesem Abbrechen des Existentiellen und dem anhebenden Verkünden eine «Kehre» der Fundament-Ontologie zurück zu der eigentlich verworfenen Metaphysik begründet worden ist. Anzumerken wäre ausserdem, dass, wenn Graf Dürckheim durch sein Unverhältnis zu Macht sich gewisser Annäherungen der Nazis nicht erwehrt hat, Heidegger die Nähe gesucht hat, und zwar weil er sich von der Macht etwas für sein Denken versprach. Jedenfalls blieb es damals für mich dabei, dass ich mich Heideggers geheimnisvoller Rede von der Verwurzelung seines Denkens und Handelns in der Heimat der eben erschienenen *Holzwege* verständnislos versagte.

Allerdings muss auch gesagt werden, dass die merkwürdige Erfindung eines oroborischen Intellektualismus im zwanzigsten Jahrhundert immer wieder in die Bresche gesprungen ist, die durch den Mangel an Wurzeln und Verwurzelung fundamental aufgerissen ist. Heute üben fundamentalistische, sektenhafte Ideologien oder aber die unreflektierten Erwartungen, die in voreilige, gewissermassen fundamentalontologische Interpretationen von Quantenphysik und Weltraum-Landnahme gesetzt werden, den gleichen Sog aus. Sog erfasst uns umso heftiger, wie der Schwindel beim Blick vom Aussichtsturm, je weniger wir Stand haben, also wenigstens durch die Füsse uns dem Grunde im doppelten Sinne verbunden erfahren. Das Entscheidende an der Übung, «uns zum Grunde zu öffnen», scheint mir eine Grunderfahrung zu sein, die uns von einer unbewusst im Abendland tief verankerten Fixierung unseres Denkens und Handelns, schon unseres Wahrnehmens befreien kann: Mit dem Schema des Monotheismus ist die Person jenes einen Gottes auf die Person dieses einen Ich bezogen. Wohl dürfte anfangs diese Hervorhebung wesentlich die Aufgabe erfüllt haben, Vieldeutigkeiten auf beiden Seiten in ihre Unverbrüchlichkeit zu kanalisieren. Thomas Mann hat in *Joseph und seine Brüder* dieses erste Herausmeisseln eines standhaltenden Individuums aus der Fülle seines Erlebens und seiner Beziehungen als die eigentliche Funktion des *elohim* gezeigt und gesagt, «Gott ist die Unterscheidung». Längst ist aber die Skulptur zur Selbstverständlichkeit geworden, so dass die Aufmerksamkeit ganz gefangen ist in dem Schema, sei es dass unser Ich allein auf den Gott – oder auch etwas anderes – oder Gott – oder auch etwas anderes – ganz auf dieses Ich bezogen sei. So können wir jedoch nicht auf einen Grund bezogen sein, weil es «den Grund» derart definierbar für uns nicht gibt. Was da Grund genannt werden kann, zeigt sich uns immer nur – und gerade – in dem Dritten, das unbenennbar, nicht deutlich, aber darum auch nicht zwei- oder vieldeutig, im Zwischen sich zu erfahren gibt.

Darum kann Dürckheim uns auffordern, übend unsere Schatten zuzulassen. Das Dunkel in uns verstellt nicht nur das Licht. Wenn wir ihm ruhig ins Angesicht schauen, wie Hegel sagen würde, dann kann es sich verwandeln und der Diaphanie dienen. Doch wird es nicht selber transparent; vielmehr entsteht uns Transparenz in der Durchsichtigkeit der Spannung zwischen licht und dunkel. Ich habe schon früher berichtet, im *Sinnenbewusstsein*, wie Dürckheim mir einmal zum Abschied sagte: «Du hast etwas so Strahlendes», und ich erwiderte: «Aber dabei zerren in mir schwere Spannungen gegeneinander.» Seine Antwort, mit dem zarten, wissenden, fast ein wenig listigen Lächeln seines Alters, war: «Darum strahlt es ja.» Als Ringen in den Spannungen kommt unser Strahlen hervor. Es strahlt durch uns; nicht wir als Person, sondern unsere Beziehung zwischen Grund und Existenz.

Darum hatte ein Schüler Dürckheims auf die Bitte, in einem Kreise von Therapeuten irgendwo, das Wesentliche der Dürckheimschen Arbeit, der «initiatischen Wege», mitzuteilen, die rechte Antwort, als er einfach den Kreis für eine Viertelstunde zur Sitzübung einlud. Denken und Therapie, Arbeit und Ausbildung im Sinne von Graf Dürckheim haben allein in der Verbindung mit dem Sitzen ihren Sinn. Nur so wird vermieden, dass eine Bemühung, so oder so, zu einer neuen Auflage jenes so alten Schemas wird, das ich mir als das heimliche Erbe unseres abendländischen Monotheismus erkläre – und des ihm entsprechenden Egoismus. Wenn das eine wie das andere sich nicht im loslassenden Ausatmen anheimgibt und im Form gewinnenden Einatmen zu bewähren bereit ist, können die Grenzen weder zur Spekulation noch zur Betulichkeit entschieden gezogen werden. Und dazwischen geht es um die mögliche Erfahrung, dass wir nicht ein Spiegel für den Buddha sein sollen, wie die Zen-Legende es ausdrückt, und dass der Grund nicht eine Leinwand ist, wie die westliche Erläuterung es will, sondern dass die beiden Seiten in ihrem Einsein und in ihrer Geschiedenheit zugleich gemeint sind.

V. Der Lehrer

Viele Menschen hören heute von dem Zen Ort im Schwarzwald oder lesen die Bücher von Karlfried Graf Dürckheim, vielleicht begegnen sie auch nur seinem Namen oder einer Erwähnung von seinen Übungen, ohne ihn selber noch kennenlernen zu können. Zwar haben zu seinen Lebzeiten auch zahlreiche Menschen nur von dem Autor der Schriften gewusst oder ihn selber nur als den Vortragenden an den Stationen seiner Reisen erlebt. Aber die Wahrnehmung dessen, worum es Dürckheim ging, hat sich so sehr verändert, dass sehr verschiedene Vorstellungen und Fragen sich damals und heute an die Person richten. Völlig fremd war den allermeisten, was da aus dem Osten nach Europa kam, als die wenigen Interessierten entweder die Bücher von Daitaro Suzuki gelesen hatten, wohl eher wie eine unerwartete Philosophie, oder sich an Berichte wie die der Theosophen erinnerten, bei denen sich die Faszination von westlichem Okkultismus zum Wegbereiter traditioneller Ideen langsam gewandelt hatte. Inzwischen sieht es für sehr viele so aus, als kämen buddhistische Lehren eigentlich aus Californien und seien mit geheimnisvollen Therapien verwandt, in denen Körperkult mit ekstatischen Erwartungen verbunden wird.

Diese zeitgeschichtlichen Situationen sich klarzumachen, die ich hier nur durch eine ironische Verkürzung andeuten kann, ist aus einem bestimmten Grunde wichtig. Dürckheim lehrte, ohne irgendein Zugeständnis an Stimmungen und Erwartungen zu machen. Angesichts von Therapieboom und Meditationsbegehrlichkeit heute, möchte ich sogar sagen, der entscheidende Zug seiner Lehre ist, sich selbst völlig frei zu halten von derartigem und die zu ihm Kommenden sanft und unnachsichtig davon frei zu machen. Als ich um 1960 zu ihm kam, brachte ich sicherlich eine für die damalige Zeit recht typische Schutzhaltung mit. Sie kam in einer der Stunden deutlich zum Ausdruck, als über meine ersten Erfahrungen mit dem Atmen zu sprechen war. Dürckheim fragte mich, wie ich beschreiben könnte, was mir da bei den mir so neuen Übungen geschehen war. Ich dachte an die grosse Bedeutung von Zazen offenbar viel mehr, als dass Empfindungen, Schwierigkeiten und ihre Veränderungen während des Sitzens der letzten Tage zur Mitteilung gedrängt hätten. Ich sagte, besser als Goethe im «West-Östlichen Divan» von den zweierlei Gnaden im Atem gesprochen habe, könne man das gar nicht formulieren. Dürckheim blieb für diesen, freilich unbewussten, Versuch, die Dinge in das Gebiet klassischer Bildung zu verlegen, völlig unbestechlich. Weder verwies er mir die Flucht ins gelungene Zitat. Noch ging er irgendwie anknüpfend darauf ein.

Er sagte nur, er wolle hören, was ich erlebt hatte. Ich fühlte mich verlegen und auch ratlos. Ich hatte gedacht, so fände man eben das rechte Bewusstsein. Ich musste mir eingestehen, dass ich von mir selber nicht zu berichten vermochte.

Gerade da lag aber die Möglichkeit, die Trennung zu sehen, ihr nachzuschauen und weiterzugehen. Kein Vortrag über die Gefahren und Verfehlungen intellektueller Verweigerung, kein Ärger über mein Ausweichmanöver erfolgte. Ich blieb ohne jede Ablenkung allein mit der Frage, wie ich mich denn fragen könnte, um zu eigenen Worten zu finden. Dies wurde mir zur Hausaufgabe mitgegeben. Ich weiss nicht mehr, was ich tat und was ich das nächste Mal zu sagen hatte. Die Aufgabe war in Wirklichkeit, mich selber so anschauen zu können, dass die Verständigung in Erfahrungen dieses Weges, statt an Hand von Zitaten über das, was als ein Thema ausgemacht werden könnte, weiter gehen konnte. Dazu legten wir ein Oktavheft an, in das Dürckheim seine Zeichnungen vom Leib und einer eben ergründeten Wirkung machte. Auch wichtige Sätze wurden zur Erinnerung aufgeschrieben.

Woche für Woche kamen wir, wenn wir in Rütte sein konnten, zu einer solchen Stunde zusammen, die einen mit Graf Dürckheim, die anderen mit Maria Hippius, manche mit beiden. Ganz in der gleichen Weise, wie sie die eben geschilderte Aussprache über die Erfahrungen mit dem Üben charakterisiert, wurde auch mit einander angeschaut, was sich in Stunden mit Mitarbeitern ergeben hatte. Die Wahl des Mediums zwischen Leibarbeit oder Stimme oder, später, Aikido z.B., wurde darauf bezogen, wie sich im Zazen eines jeden Tages die besonderen Blockierungen gezeigt und neue Schritte angekündigt hatten. Dabei konnte auch zur Sprache kommen, wo Beziehungen zu diesen Mitarbeitern und ihrer Arbeit, aber auch zu Menschen der Umgebung oder eigenen Bekannten sich als förderlich oder hinderlich erwiesen.

Meine Geschichte von den zwei Gnaden des Atmens habe

ich nun nicht erzählt, um den Eindruck zu erwecken, als ob alle Fragen und Entdeckungen von der Geistesgeschichte abgewendet worden wären. Ganz im Gegenteil bildeten die eigenen neuen Erfahrungen die Ansatzpunkte, von denen aus die drei Quellen des Wissens und der Vorbilder zugänglich wurden. Dies waren, könnte man vielleicht zusammenfassend sagen, die Zentraditionen mit den Lehren und Geschichten der Meister, die abendländischen Mystiker von Meister Ekkart bis in unsere Gegenwart, etwa Gedanken von Teilhard de Chardin, und, drittens, eben auch Einsichten aus der Geschichte der Moderne und deren Reflexion. Zu diesen gehörte Goethe sehr wohl; nur sollte er nicht als Stellvertreter für eine noch gar nicht gereifte Erfahrung herhalten. Um diese dann zu begreifen und auch um sie in den Ansätzen wie gegen das Unverständnis unserer Zivilisation zu verankern, waren Beispiele und Analogien willkommen. Selbstverständlich arbeitete Dürckheim, was ihm im Osten zugekommen war und in den uns fremden Übungen sich vertiefte, mit der ganzen Vielfalt der ihm vertrauten Autoren Europas so durch, dass beide Seiten auf einander bezogen, in gemeinsame Vergleiche gezogen werden konnten. Wenn so sich sein Verständnis von Ergänzungen der Kulturen greifbar vollzog, bildete dies selber schon eine Art der Reflexion. Sie war ihm nur zu selbstverständlich, als dass er in ihr etwas Methodisches gesehen hätte. Und dies wurde sicher Teil seines kaum ausgesprochenen, dafür umso überzeugenderen Vermächtnisses, nicht in systematischen Übersichten, sondern in unserem Erleben und dem existentiellen Anspruch uns von ihm eine wohltätige Rechenschaft zu geben, Wiedersprüche und Zusammenklang, Anklänge und Unterscheidungen sich treffen lassen. Wenn ich dennoch Reflexion auf die Moderne eigens erwähnt habe, so denke ich dabei an Unternehmen wie das von Jean Gebser, alle diese Erfahrungen mit ihren Richtungen und Verstellungen unserer Wege in ein geschichtliches Verständnis einzuordnen.

Selbstverständlich konnte im Raum einer Stunde von all dem immer nur das eine oder das andere Wort fallen, ein gerade sich anbietendes Bild herangezogen werden. Insgesamt war die gegenwärtige Bedeutung dieses Hintergrundes viel deutlicher, als dessen Zusammensetzung ausbuchstabiert werden konnte. Dafür wurden wir umso nachdrücklicher dazu angehalten, dort, wo uns selbst etwas auffiel in einem Gedicht, in einem Musikstück, einem Bild oder durch ein Gespräch, uns dem Eindruck hinzugeben, ihn genau zu bestimmen und daran unsere Verfassung zu klären. Dies war nun wieder keineswegs, wie das heute oft beim Heranzitieren von Kronzeugen geschieht, eine Aufforderung, alles und jedes zu Werkzeugen einer als solcher doch gar nicht so interessanten sogenannten Selbstverwirklichung zu machen. Im Benutzen ginge selbst unter, was hätte nützlich werden können. Durch die Begegnung uns dem Horizont des notgedrungen immer begrenzten Bewusstseins zu öffnen, dies war die eigentliche Lehre. Im besonderen gilt dies für die buddhistische Philosophie. Graf Dürckheim hat uns aus ihr zitiert, wenn die Formulierung einer Idee notwendig oder doch hilfreich wurde, um den Geist einer Übung aufnehmen zu können. Sei es das Zählen im Einatmen und Ausatmen oder «die Öffnung zum Grunde» im Einhalten dazwischen. Und er hat, umgekehrt, eine eigene Übungserfahrung, deren Aufleuchten er bei uns beobachtet hatte, übergeleitet zu ihrer allgemeineren Bedeutung. Dieser Art waren auch die wenigen Sätze und Betrachtungen, die er in die Übung der Stille hineingab. Immer wieder habe ich den Satz gehört von dem Meister, der dem Sitzen die Maxime gibt: Mit dem Gesäss schwer aufruhen zum Boden, mit dem Kopf aufrecht dem Himmel entgegen.

Der in Wahrheit erschütternden Strenge dieses Satzes entsprach auch, wie jedes Mal während der Stunde die Haltung im Sitzen am Boden angeschaut wurde. Wieder und wieder und wieder wurde erprobt, wie inzwischen die neuere Festigkeit des

Aufruhens und die innere Beweglichkeit des über Beinen und Becken sich aufrichtenden Leibes sich ineinander zu fügen vermochten. Einmal legte er dabei dem Sitzenden seine Hand gegen den unteren Rücken, so dass ihre Wärme und ihre Leichtigkeit und seine Kraft neuer Durchlässigkeit die Bahn bereiteten. Ein andermal hielt er sie eben über dem erhobenen Kopf und liess in ihrem Strömen das uns emporziehende Lot durch den Leib spüren, durch die Wirbelsäule bis zur Öffnung des Beckens. Dann konnte durchaus eine unerbittliche Mahnung folgen, in der eigenen Übung dies geschehen zu lassen und dafür durch die Schmerzen der Fussgelenke, durch das Spannen der Muskeln an Schenkeln und Rücken zu gehen, bis die Ahnung der Freiheit sich durch den ihrer entwöhnten Leib ihre Wege bahnen kann. Gerade dies durchzuhalten, war mir bei einer der ersten Gemeinschaftsübungen, zu denen ich mich den anderen am Morgen anschloss, nicht gelungen. Was ich dann in der Stunde zu hören bekam, kann man ruhig eine Rüge nennen. Ich hatte es auf eingeschlafenen Füssen nicht mehr ausgehalten und mich, die Stille aller anderen wie meine eigene unterbrechend, in die erlösende Dehnung vorgebeugt. Viel später empfahl Dürckheim mir, im Sitzen bei fast geschlossenen Augen, den Blick auf jenen Fleck am Boden vor uns ruhen zu lassen und nicht von ihm zu wenden, als ob ich ganz und allein die Verantwortung für ihn trüge. Er brauchte nichts an Ermahnung hinzuzufügen. Die Lehre, die mir einmal erteilt worden war, ist für immer unvergessen geblieben.

Dies war aber die praktische Seite. Das Philosophische im rein gedanklichen Sinne hielt Dürckheim eigentlich fern von uns. Es trat eben aus dem Hintergrund hervor, wenn sich ein Zusammenhang über eine eigene, ursprüngliche Erfahrung ergeben konnte, in der einen oder anderen Richtung einsetzend, um die Wechselbeziehung sich vergegenwärtigen zu lassen. Dürckheim lehrte, so viel ich weiss, nie die buddhistische Philosophie als solche. Das wäre ihm fremd gewesen, weil ihm die Einsichten, um die es da geht, viel zu ernst waren, als dass er sie der Systematik einer Darstellung ausgeliefert hätte. Zugleich mit dieser eigenen Neigung dazu, Ideen von dem Sinn ihrer Wirkungsweisen her aufzunehmen, bestimmte ihn zweifellos ein innerer Widerstand dagegen, sie von ihrer Wirkung abgelöst zum Gegenstand einfach des Intellekts zu machen.

Deshalb erläutere ich gegenüber Menschen, die von ihm noch nichts oder nur wenig gehört haben, seine Lehre im Vergleich mit der Rezeptionsgeschichte der Europäer vor ihm. Er war der erste Abendländer, der nach Asien ging und zurückkam, nicht um uns zu erzählen, wie anders, wie grossartig dort gedacht wird. Das hatten die grossen Reisenden wie Glasenapp oder Veltheim oder Keyserlingk getan. Sie waren den grossen Philosophen nachgefolgt. Schopenhauer hat von Indien her seine moderne Verzweiflung sich in eine weisere und eine kosmologisch gegründete Resignation verwandeln lassen. Damit war Hegels Unwissenheit vom Indischen nicht länger Vorwand zu Missachtung. Das Eurozentrische seines Systems, seines Weltgeistes wurde entscheidend gemildert. Aber Schopenhauer konnte sich davon seinerseits viel zu wenig lösen, als dass er nicht einseitig Weltdeutungen der Hindu in den Sog seines Pessimismus gezogen hätte. Das Missverständnis ist immer noch enorm. Wie sehr, wird etwa bei Albert Schweizer sichtbar, der die Hinweise auf Indien einfach so aufgenommen hat, dass sie in seiner Ethik als die konsequenteren Beispiele für Weltverneinung benutzt werden. Dürckheim hat sich nie in einer solchen Reihe gesehen. Er hat immer sein eigenes Zeugnis von bestimmten Erfahrungen gegeben und uns erlaubt, manchmal aufgefordert, unsere Fragen an die abendländischen Bewertungen oder von dem neuen Erleben her darauf zu beziehen.

Denken und Sitzen gehören, zunächst oder grundsätzlich betrachtet, unterschiedenen Schichten des sich prüfenden und entfaltenden Bewusstseins zu. In der Sitzübung und im übenden Alltag und in der gedanklichen Versenkung sind sie immer ineinander. Vielleicht kann man nicht einmal sagen, sie seien zwei Seiten derselben Sache. Man kann nicht das eine Mal über *hara* philosophieren und das andere Mal in die Arbeit an der «Erdmitte des Menschen» gehen. Dürckheim sprach nie vom *hara*, ohne es mit den Anwesenden geschehen zu lassen, sich es durch sie selbst sich ereignen zu lassen. Anders wäre der intellektuelle Bemächtigungsdrang zugelassen und gefüttert worden. *hara*-Übungen verband er selbstverständlich immer mit einer gedanklichen Rechenschaft gegenüber den Lebenskräften, die als uns nur durchwirkende und nur geistig zu verstehende erkannt werden müssen. Es gibt auf das Ferne, das Neue, das Fremde, das Bewunderte nur eine wahre Antwort: zu staunen. Staunen enthält die Dankbarkeit; die Frage, was uns bisher an dieser Erfahrung gehindert hat; die Bereitschaft, fähig zu werden, und das heisst vor allem, würdig zu werden des ungeahnten Umgangs. Staunen ist aber zu allererst unsere Geste, auf ein ursprüngliches Ereignis zu antworten, anzunehmen, dass wir getroffen sind von etwas, das uns so nie sich gezeigt hatte oder dem bis dahin wir immer uns verweigert hatten.

Dürckheim setzte seine Weise, zu lehren, also andere, unerfahrenere Menschen in die Gangart ihres Lebens einzuführen, gegen die Traditionen intellektueller Machtergreifung. Heute pflegt man eine solche Haltung antizyklisch zu nennen. Ich bevorzuge das Wort vom geistigen Widerstand oder das, in unscheinbareren Fällen, vom geistigen Anstand. Dafür, wo es dies zu leisten galt, war er ausserordentlich hellhörig. Aber wie es üblicher Aufmerksamkeit entgeht, übernahm er ohne die Rückfragen, die auch ich erst bei Theodor Adorno zu stellen lernte, Begriffe der abendländischen Metaphysik wie insbesondere den des Wesens, um von diesem ursprünglich sich Ereignenden zu sprechen. Die Kritik richtet sich dabei viel weniger darauf, was mit Metaphysik gemeint sein könnte. Vielmehr bin ich doch sehr froh, dass mir später auch klar gemacht worden ist, welche Selbstmissverständnisse des Abendlandes, welche Usurpationen und welche Manipulationen sich in die Geschichte dieses Begriffes eingenistet haben. Ebenso war andererseits die unbestechliche Selbstbefreiung von diesen Parasiten und Kumpanen des Begriffes, die aus Dürckheims Gebrauch sprach, ein bewundernswertes Vorbild. Peter Sloterdijk hat dem mit dem schönen Bekenntnis seine Reverenz erwiesen, Graf Dürckheim sei der einzige Mensch gewesen, der die alten metaphysischen *termini* habe benutzen können, ohne ihrer Verführung zu folgen und sie zur Verführung zu verwenden.

Ihm lag gleichzeitig der Wissens- und Gewissensweg der Ideologiekritik völlig fern. Bis in die zweite Hälfte der 60ger Jahre war diese im allgemeinen ohne Einfluss, wo ihre Methoden und Schulen und Analysen entweder durch den Faschismus ausgerottet und vertrieben oder durch kommunistische Parteien tendenziös und strategisch-politisch umgemünzt worden waren. Im Existentialismus Sartres etwa wäre eine Berührung möglich gewesen. Dem stand aber dessen eiserner Antitheismus zu stark im Wege. Ohnehin war Dürckheims Weg kritischer Selbstbefreiung ein ganz anderer. Gerade in dessen frühen Ahnungen hatte er sich durch Japan so sehr gestärkt gefühlt, dass er ihm eben am Vorbild der Zentradition folgte.

Oft hat er in den Aussprachen mit einzelnen von uns oder bei Vorträgen die Geschichte erzählt, die meine Lieblingsgeschichte wurde und die es, meine ich, auch für ihn war. Im Kreise der fortgeschrittenen Zen-Übenden in Kyoto wird einer von ihnen geplagt von grossem Ungenügen. Alle um ihn haben schon eine bedeutende Erleuchtung gehabt, wenn nicht sogar mehrere davon. Nur er hatte noch gar keine, nicht einmal eine einzige, kleine Erleuchtung. So will er keine Gelegenheit verstreichen lassen. Noch in der Mittagspause, wenn er an der Strasse auf einer Bank sitzt, wartet er mit der grössten Konzentration, ob es vielleicht doch gerade jetzt geschehen wolle. Da kommt ein alter Mann der Stadt vorbei. Er sieht den Unbekannten und spürt das Unwohlsein, das von ihm ausgeht. Im Vorübergehen bleibt er bei ihm stehen. Er legt ihm die Hand auf die Schulter und sagt «es pressiert nicht». Selbstverständlich erkennen wir alle uns immer wieder in der Geschichte. Dürckheim lächelte ein wenig listig und sehr beruhigend, wenn er sie erzählte. Es ist diese Gelassenheit und diese Heiterkeit, die seine Lehre so unvergleichlich ausgezeichnet hat. Wenn ich auf die heute so vielen sich aufdrängenden Fragen, wie er denn war, mit einem Satz antworten sollte, würde ich vor allem dies hervorheben, obwohl manche die beiden Begriffe missverstehen könnten. Gelassenheit und Heiterkeit schliessen ja die Strenge ein, mit der wir zu üben haben, bis der Grund uns trägt und wir uns zu ihm öffnen können und die Leichtigkeit in uns aufsteigen mag. Wer Dürckheims Bücher liest, wird ohne dieses, wie er war, kaum, was dort in den Begriffen von der kosmisch-geistigen Transzendenz und der menschlich-sinnenhaften Transparenz und geübt leiblichen Durchlässigkeit steht, wirklich als diese Lebensgeste verstehen.

In den Stunden mit ihm allein bildeten oft Momente der Leibtherapie oder eigene kleine Übungen den vertiefenden Abschluss. Tief senkten sich dann im leiblichen Geschehen die Gedanken und Beziehungen ein. Eine Zeitlang war es besonders jenes «wer fühlt wen?», wie einige Franzosen es genannt hatten. Ich erinnere ganz bildlich, wie ich auf dem Divan des Arbeitszimmers liege, ein Stück abseits von dem grossen Tisch, über den die Besucher und Graf Dürckheim in hohen alten Sesseln einander gegenüber zu sitzen pflegten. Der Kopf liegt etwas erhöht auf Kissen. Die Ellenbogen sind ein wenig aufgestützt und die Hände liegen leicht über einander auf der Bauchdecke, die sich im Ein- und Ausatmen bewegt.

Dann fühlt man diesen Atem. Die Hände heben und senken sich, bis sie einander aufs innigste spüren – der Bauch die eine, die eine die andere Hand und schliesslich auch diese den atmenden Leib. Nach einer Weile der völligen Versenkung in diesem Miteinander und Zueinander schmelzen die Grenzen. Die Identitäten von Oberem und Unterem lösen sich auf in einem einzigen Belebten an uns, das selber sich ebenso entgrenzt. Eine Sensation, als mündeten die Arme in eine einzige wolkenartige warme Fleischlichkeit. Dabei geht, wie ich später von Hugo Kükelhaus für eine andere Übung lernte, die Bewusstheit von der Verstandeskontrolle tief in das Vegetative zurück, so dass die Hände ganz ihrem Zentrum im Rückenmark zugehören.

Anders als bei gelegentlicher Betonung einer zu senkenden Schulter oder eines zum Tragen aufgeforderten Kreuzes gewann Dürckheims Hand dabei eine sehr grosse Bedeutung. Ich weiss nicht, ob je meine Hände sich dieser Tiefe anzuvertrauen gelernt hätten, wenn nicht seine Wärme und Zartheit und Schwere sie dahin geleitet hätten. Und ich spüre noch, wie mein Liegen behütet war von seinem Sitzen neben mir. Und ich weiss noch seinen völlig gelösten Blick vollkommener Aufmerksamkeit auf mir ruhen. Welch ein Geschenk, wenn Wärme, Zartheit und Schwere ganz nur sie selbst bedeuten und ein leichter zusätzlicher Druck eben dies bestätigt.

Wir wurden dann aufgefordert, den Blick, die Finger, die Hände, die Arme leicht sich regen zu lassen, bis sie wieder die Gestalt dieser Organe annehmen, dann die Hände um einander zu bewegen bis zu einem Tanz in der Luft. So können die tiefen Verbindungen in die übliche Bewusstheit hinüberfliessen. Während wir sie in uns wirken fühlen, erfahren wir zugleich, dass sich uns da eine Bahn ganz selbständiger Heilung geöffnet hat. In einer immer entfernteren und immer vertrauteren Weise fühle ich noch heute die Hand des Lehrers über den meinen ihre Vereinigung vertiefend begleiten. Dass sie es nicht wirklich selbst mehr ist, hat nur so viel Schmerzliches wie alle Einsicht, dass wir es allein vermögen, was einst so schön zu empfangen war. Dieses ist die Bestätigung, dass wir in die Unabhängigkeit geführt werden.

Seit Karlfried Graf Dürckheim nicht mehr lebt, mache ich am Ende einer Sitzübung nach der Verbeugung im Dank an die Tradition eine zweite Verbeugung, um ihm dafür zu danken, dass ich ihr durch seine Gelassenheit und Heiterkeit begegnen durfte und in diesem Geiste ihr folgen darf. Dabei will ich auch erwähnen, dass mir die andere Gefahr, das Gelassene mit der Lässlichkeit zu verwechseln, ihrerseits bewusst ist. Dennoch scheint mir diese Gestimmtheit besonders für die westlichen Menschen die glücklichere auf dem Wege zu sein, wenn ich an andere Schulen denke, in denen Zen geübt wird, ohne die Heimsuchungen der abendländisch wütenden Askese klar genug zu verwandeln, wie sie sich irgendwo in uns allen festgesetzt hat.

Aus den Erinnerungen an Gegenwart mit Graf Dürckheim habe ich bis hierher zu vergegenwärtigen gesucht, in welcher Weise dieser Lehrer uns durch seine Existenz berührt und herausgefordert, auf Wege geführt und einer tastend behaupteten Stelbständigkeit überantwortet hat. Ich habe, mit anderen Worten, an einigen Beispielen mein Verständnis dessen auszufalten versucht, wofür er den Namen des Initiatischen eingeführt hat.

Da die Geschichte nur von der Gegenwart her und für unsere weiteren Wege lebendig werden kann, will ich nun seine Haltung als Zeitgenosse in einigen Zügen betrachten, an der sich Lehren dafür ziehen lassen, wie wir in seinem Sinne uns veränderten Entwicklungen gegenüber verhalten können. Machen wir uns einige von ihnen klar genug, um vergleichen zu können.

Inzwischen wird einer der prägenden Züge westlicher Menschen Verkopfung genannt. Das bedeutet, dass nach wie vor wesentliche Fragen des Lebens und der Weltdeutung im

Stile von Analyse und Rekonstruktion angegangen werden. Entsprechend wird versucht, in erster Linie die Welt, das Gegenüber, die Bedingungen zu beherrschen und die Aufgaben der Selbstbeherrschung ebenso instrumentell zu behandeln. Dabei spielen heute die Ausbildungen geistiger und künstlerischer Antworten auf die Welt und das Wissen in Geschichte, Literatur und Naturwissenschaften eine viel geringere Rolle als noch vor drei oder vier Jahrzehnten. Die Prägung der Verkopfung als einseitig intellektuelle Bildung trifft nicht länger zu. Sie hat einen gleichzeitig oberflächlicheren und totaleren Charakter angenommen, indem die Einzelnen die Digitalisierung von Wahrnehmung und Denken wie selbstverständlich übernehmen – Informationen statt Wissen, Kommunikation statt Begegnung, Kognition statt Nachdenken. Oberflächlicher und totaler sind insofern kein Gegensatz, weil es die mangelnde kritische Selbstreflexion ist, die den Mangel an gründlicherem Eindringen zur Folge hat. Die wenigsten laufen heute noch Gefahr, ihr Erleben des Atems sich durch Goethezitate zu verstellen. Bei den einen gehört Goethe nicht länger zur Allgemeinbildung, bei den anderen, den Wissenschaftlern sind die jeweils meist diskutierten Veröffentlichungen der Sekundärliteratur die wichtigsten Anhaltepunkte. Schulen produzieren mehr Leistungsstress und weniger Leistung. Die Verkopfung ist fortgeschritten, aber weniger intellektuell. Andererseits ist wohl wahr, dass mehr Menschen an diesen Anstrengungen teilnehmen. Das könnte durchaus neue Möglichkeiten erschliessen, obwohl die voreilige Gleichsetzung von mehr Aktivitäten in der Öffentlichkeit, besonders der Massenmedien, und mehr öffentlichem Bewusstsein falsch ist. Grössere statistische Verbreitung braucht nichts mit mehr Demokratie zu tun zu haben.

Wir überlegen also in zwei Richtungen, soweit, wie wir die Haltung Dürckheims für uns übernehmen können. Die Kritik an nur analytischer Weltsicht hat grundsätzlich nichts von ihrer Wichtigkeit verloren. Wir müssen nur heute, was freilich auch vor dreissig Jahren notwendig war, gleichzeitig darauf dringen, dass die wirklichen Aufgaben der kritischen Untersuchung da, wo sie hingehören, ernst genug genommen werden. Auf der anderen Seite spricht man inzwischen von einer Erlebnisgesellschaft. Hat sich also das Drängen der damals noch wenigen in eine breitere Bereitschaft durchgesetzt, dem Erleben Raum zu geben und von dieser, der anderen Seite Einsichten und Lebensbewegungen reifen zu lassen? Wieder, meine ich, ist die vorläufige Antwort zweischneidig. Wohl werden die Sehnsüchte der Menschen viel öfter und viel deutlicher beim Namen genannt. Insofern gibt es mehr Anerkennung. Was sie in Wahrheit bedeuten könnten, wird aber ebenso wenig gefragt. Je offener sie auftreten dürfen, desto leichter laufen sie Gefahr, der Vermarktung unterworfen zu werden und auf Beschleunigung statt auf Reifen eingestellt zu werden. Nicht das individuelle Problem so vieler einzelner Lebensgeschichten ist es, sondern die Strategie der ganzen Gesellschaft, dass unsere geheimen Wünsche hervorgelockt werden, um den Umsatz zu steigern, also von ihrer noch unentdeckten Qualität sofort in die Maximierung gezogen werden: Sucht.

Die Suchtsymptome haben sich enorm ausgebreitet. Vielleicht kann man sagen, dass die Verzweiflung öfter eine laute und etwas weniger oft eine klammheimliche ist, seit die politischen und die sexuellen Befreiungswellen zur Verwirklichung der Wünsche aufgerufen haben. Aber Dürckheims Sorge, wie denn das vereinzelte Erlebnis zur Wandlung reifen könne, ist ebenso aktuell wie vordem, nur dass inzwischen jene problematisch fixierte Ichstärke alter Disziplinierung, die doch in bedeutsamer Auflösung Substanz für solche Reifung freigeben konnte, so kaum noch existiert. Die Frage ist, woher nun dem Erleben die begleitende, die tragende, die auch fordernde Aufmerksamkeit zur Wandlung zukommen soll.

Genierten wir uns noch vor drei oder vier Jahrzehnten, uns mit dem Psychischen eingehender zu beschäftigen, galt es damals als haltlos, wichtigtuerisch oder selbstmitleidig, etwas mitzumachen, das nach Therapie ohne eindeutiges Ursache-Wirkungsschema aussah, so verfallen heute die Hoffnungen, umgekehrt, einem Überangebot beschleunigender Versprechungen. Seit zehn Jahren etwa warne ich davor, unsere individuellen Lebensgeschichten entleeren zu lassen in eine totale Therapiegesellschaft. Dürckheim betonte immer wieder die Notwendigkeit, aus dem Besonderen der Stunden mit ihm und den Mitarbeitern, auch der Stillen Übung in der Gemeinschaft von Rütte oder allein zu Hause, mit neuen Ansprüchen und Einstellungen in das übrige Leben zu gehen. Sein Wort und sein Buch vom «Alltag als Übung» gewinnt gerade angesichts der scheinbar konsumierbaren Angebote allenthalben an Bedeutung. Das Erlebnis, das man sich da holen und auch immer wieder abholen kann, wird sehr leicht zum Ersatz für die wesentliche Dimension alltäglicher Aufgaben und Vollzüge. Aufs engste verbunden damit ist das Problem sich verstärkender Abhängigkeit. Sie etabliert sich rasch, wenn diejenigen, die in Rütte in Not Befindliche genannt werden, nicht die Arbeit im initiatischen Sinne aufnehmen lernen.

An dieser Stelle kann man das Initiatische vielleicht als eine unauflösliche Verbindung vor allem dreier Schichten charakterisieren, die jede für sich wachsen, vor allem aber in ihrem Zusammenspiel sich stärken müssen. Lassen wir sie in drei Fragen deutlich werden. Die eine nannte Dürckheim: «Wie bist du gemeint?» Er unterscheidet die uns von Gesellschaft und Familie auferlegten oder angebotenen Identitätsmuster, das «Welt-Ich» oder «das kleine Ich», von dem, woraufhin wir individuell und unverwechselbar angelegt sein mögen. Ähnlich wie Lacan, aber ohne Anlehnung an ihn, nennt er dies «das grosse Ich». Gross bedeutet indessen gerade nicht einen grossen Anspruch nach aussen, sondern den inneren in uns auf eine Entfaltung in der Welt und für die Welt. So zeigt sich bereits eine Verwandtschaft mit der zweiten Frage: «Wie, wofür bist du Zeuge in der Welt?» Dürckheim sprach hier immer von dem «Überweltlichen». Gemeint ist, dass wir unser eigenes Wesen, wie immer wir es jeweils zu bestimmen vermögen, versäumen, wenn wir es einerseits mit Identitätsmustern zurechtstutzen, verstümmeln, verstellen und wenn wir andererseits nicht transparent zu werden vermögen für das unendliche Spiel der Schöpfung, das sich in uns dieses besondere Gefäss, diese besondere Aufnahmefähigkeit und diese besondere Weiterwirkung geschaffen hat. Wiederum entsprechend lautet die dritte Frage: «Wie bereitest du dich zu solch dankbarem Empfangen, zu solchem Wirken frei von eigenen Absichten, zu solch entschiedenen Verweigerungen und solch weiter Geselligkeit für die Wesen und Vorgänge und Dinge des Lebens?»

Die Gesellschaft und viele Einzelne sind grundsätzlich anderen Kulturen gegenüber aufgeschlossener als früher. Zwar galt Japan schon lange als «hochinteressant». Sich aber auf mehr als Anregungen aus der Kunst und Ideen der Philosophie einzulassen, kam ernstlich nicht in Frage. Nun sind Reisen und längere Aufenthalte in solcher Fremde nichts Ungewöhnliches mehr. Japanische oder chinesische Übungstraditionen wie Kung fu oder Karate sind faszinierende Attraktionen, wie T'ai chi oder Judo zum selbstverständlichen Bestandteil des Alltags geworden. Aber wir versichern in der Regel entweder, uns den im Grunde unverstandenen Formen anzupassen – gewissermassen die esoterische Variante –, oder aber, sie unseren Zielen und Absichten in Sport, Kampf und Gesundheit anzupassen – gewissermassen die extrovertierte Variante. Graf Dürckheim verstand es dagegen als seine Aufgabe, die Ideen und Übungen der fernen Kultur zu übersetzen mit ihrer entsprechenden Bedeutung gegenüber den westlichen Gewohnheiten und Vorstellungen. Sie sollen uns helfen, verwandte Befreiungsbewegungen des Bewusstseins, wie sie das Abendland in den Mystikern gegen die kirchliche Verstaatlichung der Religion uns seinerseits bereithält, wiederaufzunehmen und dabei die verschütteten Zugänge durch einen geistig begriffenen, liebend durchscheinend werdenden Leib hindurch zu beleben, die einem jeden Menschen von Natur aus gegönnt sind.

Anders wäre es initiatisch nicht denkbar. Mit dem Fremden, das wir benutzen, wird das Eigene verfehlt, das sich betrügt. Es geht immer um die doppelte Rechenschaft gegenüber beiden Geschichtswegen und ihren Bedingungen, um dem eigentlich Gemeinten zu dienen. Die ursprüngliche Einheit von individuellster Existenz und umfangendster Ewigkeit wollen wir in uns geschehen lassen, Zeugnis und Erfüllung zugleich. Was dem sich von aussen in den Weg stellt, wird zur Aufgabe. Was dem im Innern sich widerstrebend versperrt, macht die Aufgabe annehmbar, weil sie zugleich eine innere ist, und lässt am Widerstrebenden die Befreiung ihre Strahlkraft entfalten. So mag etwa das Wort vom «Transpersonalen» gemeint sein, das ich deshalb nicht glücklich finde, weil es die Transzendenz so stark auf das Personale bezieht, das sie überschreiten soll. Aus dem umgekehrten Einwand ist mir das «Überweltliche» auch nicht recht; es könnte, zumal im Abendland, als Negation des Weltlichen verstanden werden. Die Grösse und Zartheit der Lehre von Dürckheim habe ich aber immer gerade auch darin erlebt, wie er mit der gleichen Strenge, mit der er uns aufforderte, uns von irgendwelchen ideellen Konstruktionen zu lösen, seinen eigenen Vermittlungen verbot, irgend etwas Dogmatisches anzunehmen. In solchen Schwierigkeiten der Benennung kommt eben zum Vorschein, wie wir im Westen durch unsere Geschichte in die falsche Alternative gebunden worden sind.

Das kann nur gelingen, wenn in der Sache unmissverständlich Klarheit geschaffen wird. Damit sind nicht endgültige

Ergebnisse, sondern immer neue Bemühungen um die Masstäbe gemeint, mit denen wir uns in den sich wandelnden Situationen auszuloten haben. Ein Paradigma haben wir die Verkopfung genannt und sehen, wie sehr das Schwinden einer bestimmten Erscheinungsform darüber täuschen kann, dass auf andere Weise dasselbe Problem uns bestimmen kann. Wir wechseln die Erscheinungsformen sogar so aus, dass wir mit der Behauptung, hier etwas gelernt zu haben, auf der anderen Seite vor einer unbequemen Aufgabe flüchten können. Wenigstens von zwei weiteren Paradigmen sollte hier noch die Rede sein. Zu ihnen gehört das Feld von Verspannung, Spannung und Entspannung.

Wichtige Einstellungen und Befunde zu diesem Thema haben sich bemerkenswert verändert. Auf allen Ebenen wird von der Notwendigkeit der Entspannung gesprochen. Im Alltag, in der Psychologie und sogar in der Medizin werden praktische Ratschläge dazu erteilt. Die Stimmung insgesamt ist selbst da nicht mehr militärisch ausgerichtet, wo Gewalt verherrlicht wird. Die Nachwirkungen der militärischen Haltung von einst, die spezifische Steifheit der hochgezogenen Schultern, ist gewichen. Im Erscheinungsbild soll auch der *macho* sich *cool* geben. Trotzdem sind die Menschen der industrialisierten Länder unverändert durch einen hohen Muskeltonus gekennzeichnet. Diese Zivilisationskrankheit ist geblieben. Das ist auch bei der fortdauernden Anspannung, der Überforderung in Beruf und Transport und vielen der sogenannten Freizeitaktivitäten nicht anders zu erwarten. Tatsächlich werden sozialpsychologisch die Extreme eben beide immer stärker wie die Spaltung im Arbeitsleben, wo der Leistungsdruck in den verbleibenden Arbeitsstunden immer intensiver wird, während immer mehr Arbeitslosigkeit herrscht. Wenn Entspannung betont wird, so geschieht das eben als mechanische Reaktion auf die Überspannung. Oft wäre der gängige Ausdruck Abschlaffen der treffendere.

Was Dürckheim in uns weckte und zum Anspruch erhob, war ein leiblich sich vergewisserndes Bewusstsein über auch diese falsche Alternative und ihre Ideologien hinaus. Darin sind sich, soweit ich sehe, seine Leibarbeit und andere Schulen wie gerade die Eutonie von Gerda Alexander sehr nahe. Ein Sich-Lassen in der Haltung des Sitzens ist das beste Modell. Was im Kopf, im Nacken, in den Schultern – ob wie früher zum Kleiderbügel hochgezogen oder heute mehr schützend vorgekrümmt – krampfhaft festgehalten wird, kann sich sinnvoll nur lösen, wenn die Aufrichtung vom Becken her fest getragen wird. Es ist zwischen falschen und richtigen, zwischen tragenden und blockierenden Spannungen zu unterscheiden. Dafür Gespür und Entscheidungsvermögen zu entwickeln, ist selber wesentliche Aufgabe, nicht nur Mittel zum Zweck. Moshe Feldenkrais hat den Mut gefunden, ausdrücklich von einem richtigen Gang zu sprechen. Sein Kriterium ist eine ganz einfache Beschreibung dessen, was bei Dürckheim mit der Erdmitte des Menschen gemeint ist. Wir sollten uns so halten und bewegen, wie wir körperlich im Wechselspiel mit der Erdanziehung gewachsen sind.

Freilich ist das Meditative unerlässlich. Lebewesen können immer nur als dieses Wesen und zugleich als Glied der Schöpfung leben. Das bewusste Wesen Mensch muss in diese Beziehung sein Bewusstsein einbeziehen. Unsere Haltungen und Bewegungen können nur richtig sein, wenn auch unser Bewusstsein von unserer Erdmitte mit im Spiel ist. Das bedeutet, uns getragen zu wissen und diese Gewissheit dankbar anzunehmen. Unsere Aufrichtung kann dann unsere Antwort auf die Schwere sein. Dürckheim hat immer die Öffnung zum Grunde betont und zunächst nicht von der anderen, der Himmelsmitte des Menschen gesprochen. Später begegneten wir bei ihm freilich dem Wort vom mittleren Herzen, das diese beiden Mitten auf einander bezieht. Ihm blieb die Hauptsorge dafür, uns aus der Selbstherrlichkeit einer missverstandenen

Autonomie wieder auf den Boden der *conditio humana* finden zu lassen. Darin wurde die Übung der Stille zur Wohltat an uns und für unsere Welt, indem nicht nur wir von der Trennung erlöst werden, sondern unsere Mitwelt von der Willkür der Menschen.

So sind die Bewusstseinsschichten des Religiösen denen der Heilung und der Lebendigkeit schon nahe verwandt. Wo jetzt immer noch, wenn auch mit Vorbildern aus anderen Kulturen, das Religiöse in abstrakten Ideen gesucht wird, da wird ihm durch abstrakte – im engen Sinne moralische, besser, moralisierende – Ansprüche an uns selbst gedient, für die wir dann ebenso abstrakt Belohnungen erwarten. Ich sehe auf diese Weise religiöse Konventionen des Abendlandes, die viel mit der unheiligen Allianz von missverstandener Askese und Eschatologie zu tun haben, im neuen Sektenwesen versteckt wiederkehren. Sie sind ihrerseits verwandt mit der säkularisierten Version, dem Drang, alles, was unser Leben lebendig macht, in Therapien zu verschieben. Dagegen hilft selbstverständlich auch keine institutionalisierte Einrichtung von Meditationen, die selber jederzeit in den Sog geraten können. Wenn wir uns fragen, was denn diesen Sog ausübt, gelangen wir zu dem dritten der Paradigmen, die ich für diese Überlegungen ausgewählt habe. Es geht um Machtausübung.

Dürckheim hat über Macht eigentlich nicht gesprochen. Wie wir gesehen haben, bedeutete sie ihm einfach nichts. In der Dreiheit, in der er einen bestimmten Menschen zu einem bestimmten Zeitpunkt um der Einsicht und der anstehenden nächsten Schritte willen zu charakterisieren suchte, heissen die Begriffe «Mächtigkeit, Rang und Stufe». Aus bitteren Erfahrungen lernen wir, dass das Gegenteil von verfügbarer Macht eben auch nicht Ohnmacht sein darf. Mächtigkeit bezeichnet vielleicht die Wirkkräfte in uns, die uns nicht ohnmächtig sein lassen, ohne dass wir zu Machtmenschen zu werden brauchten. Im Zusammenklang mit Rang und Stufe bleibt ihre Befreiung von den Blockaden unserer Geschichte gebunden in jene vornehme Selbstbescheidung, die aus dem Wissen, wie wir mitwirkendes Glied einer kosmischen Gemeinschaft sind, wie von selbst hervorgeht.

In seinen Einführungen und Übungsstunden, sogar in Vorträgen, kam Graf Dürckheim immer wieder auf seine *hara*-Übungen zurück. An ihm erlebten wir, wie der ausgestreckte Arm sich von mehreren Menschen nicht beugen, wie die leicht zum Ring einander berührenden Daumen und Zeigefinger nicht von einander zu trennen waren. Ihm ging es dabei um unsere eigene Erfahrung, die wir dann nach seinem Vorbild machen konnten, dass wir für gewöhnlich nur diesem grossartigen Fluss der Kräfte im Wege stehen. Ihn zuzulassen in seinem Wirken durch uns, dies sollte uns Wegweiser werden, ängstliches Festhalten wie kleinliche Absichtlichkeit aufzugeben. Dürckheim bestand auf dieser Erfahrung von Kräften in uns, um Verspannungen nicht nur zu lösen, sondern uns eine bessere Quelle wirklichen Vertrauens zu erschliessen. Ohne dass er dies sozialpsychologisch formuliert hätte, war ihm zutiefst bewusst, dass wir modernen westlichen Menschen uns selbst wie der Welt Feind sind durch diese grosse Angst vor dem Leben, das uns zu seinen Freunden haben möchte.

Wiederum verstand er die leibliche Übung als den sinnenhaft wirklichen Weg, uns in diese geistige Befreiung einzubinden, die in seinem Begriff von der Durchlässigkeit anklingt. Durchlässig zu werden, ist Zen-Übung überhaupt. Es muss geschehen in der physiologischen Wirklichkeit von Muskelgefügen und ihrem ganzen körperlichen Zusammenspiel. Es kann nur geschehen in der Öffnung auf die Transzendenz, also als geistige Transparenz. Dieses Andere können wir immer schon ahnen. Der heute übliche Ausdruck Energien dafür wäre im aristotelischen Verständnis einer unmittelbar in uns angelegten Möglichkeit, *dynamis*, und ihres gegenwärtigen Wirkens, unserer begrenzten Teilhaftigkeit, *energeia*, durchaus treffend. Das neunzehnte Jahrhundert hat den Begriff aber, wie den der Dynamik, in den Sog von Mechanik und Messung gebracht, so dass er noch nicht von physikalischen Vorstellungen genügend gereinigt sein kann. Wo er dennoch gerade spirituell gebraucht wird, spürt man noch allzu deutlich eine willkürliche Anstrengung, ihn von der naturwissenschaftlichen Definition loszureissen; eine Anstrengung, die auch deshalb nicht gelingen kann, weil zum Zwecke der Beglaubigung des Geistigen erneut erhebliche Anleihen beim Prestige der Naturwissenschaften gemacht werden. Wissen und Denkformen der Physik, auch der Quantenphysik sind aber geeignet, die physiologische Seite von Durchlässigkeit wie die materielle der Transparenz zu verstehen, nicht die geistige vorwegzunehmen.

Den Übergang vom einen ins andere können wir an keine Theorie abgeben, weder an eine christliche Kosmologie noch an eine Quantentheologie. Wir sind beschenkt mit der schweren, anspruchsvollen Aufgabe, diesen Übergang da zu erfahren, wo beide Seiten der Welt einander durchdringen, in uns selbst als leiblichen Wesen. Den *hara*-Kräften, der *ki*-Kraft in uns ein solches Organ zu bereiten, das ist die Übung, derer es dazu bedarf.

In den letzten Jahrzehnten beginnt es nun, westlichen Menschen von diesem Horizont her zu dämmern. Aber die Übungen sind wirklich anspruchsvoll. Wir sind auf diese Art von Anstrengungen nicht vorbereitet. Im Charakter unverändert, unter der Beschleunigung des industrialisierten Lebensbetriebs noch drängender geworden, dauert die Lebensangst fort, die aus unserer Abtrennung von der kosmischen Gemeinschaft ihr apokalyptisches Motiv und ihr panisches Temperament gewinnt. Es ist allzu oft und allzu unbewusst diese Angst, die sich der Hoffnungen bemächtigt. Genauer gesagt, unter ihrem Druck verzerren sich die Ahnungen von der grossen

Kraft, die auch uns zu ihren Organen bilden möchte, in Erwartungen. Erwartungen, das zu retten, was uns in der Abtrennung das Überleben garantieren sollte, das *ego*.

Graf Dürckheim hatte es noch mit einer westlichen Gesellschaft zu tun, die von diesen Ahnungen keinen Schimmer hatte und sie deshalb faktisch noch der Verantwortung der individuellen Lebensgeschichte überliess. Dort stand sie zwar unter einem enormen Rechtfertigungszwang, und Bewegungsmöglichkeiten waren nirgends vorgesehen. Aber aus den Ahnungen im eigensten Erleben Hoffnungen zu entfalten, war ein gesellschaftlich gesehen gewissermassen noch unschuldiger Vorgang. Es lag doch wesentlich im Gang des einzelnen Lebens, wie mit der Ahnung, der Hoffnung und dann dem Wissen von jener Kraft zugleich ein Bewusstsein reift, in dem Dankbarkeit uns verpflichtet, das Wirken dieser Kraft durch uns als ein wunderbares Dienen zu begreifen. Dieser Dienst meint nichts geringeres, als dass wir in unserem Bewusstsein den Übergängen zwischen dem Materialen und dem Geistigen einen Ort der Transparenz schaffen. Dieses Bewusstsein ist selbstverständlich nicht von der Art theoretischer Erkenntnisse, wie sie eine immer noch gesuchte Weltformel der Physiker darstellen würde. Es ist Bewusstsein eben als bewusstes Sein im Sinne unseres menschlichen, leiblichen, begrenzten Seins.

Inzwischen sind die Ahnungen, in Form von Kursen und Schulen aller möglichen Traditionen anderer Kulturen im westlichen Kontext, auf dem Wege der Vergesellschaftung. Immer waren die Aussichten begrenzt, dass wir, als einzelne zunächst, auf das Geschenk der Mächtigkeit mit Verantwortung antworten würden. Immer besteht an jedem Punkt einer Lebensgeschichte die Möglichkeit, die uns sich anvertrauenden Kräfte nicht länger für das Bemühen um ein umfassendes Bewusst-Sein zu gebrauchen. Wir haben immer die Wahl, was wir an uns gebunden und in uns ausgebildet haben, von dieser

Aufgabe freizustellen, um es als Machtmittel für das *ego* und damit gegen andere zu benutzen. Diese Möglichkeit ist die Bedingung für Bewusst-Sein, das nur aus unserer immer neuen Entscheidung in dieser Freiheit leben kann. Während nun die Gesellschaft jenen Ahnungen und den Übungsformen praktische Räume gewährt, treten diese Entscheidungen immer weniger an die Menschen als individuelle heran.

Für die vielen bedeutet dies, dass viel leichter die neu entdeckten Zugänge zu bescheidenen Machtmitteln im alltäglichen Haushalt des *ego* zwischen äusserem Anpassungsdruck, innerer Lebensangst und leuchtend aufgestellten Glücksversprechungen verbraucht werden. Bei einigen herausragenden Menschen sind die Mittel so weit, so souverän entwickelt, dass sie benutzt werden können, um die vielen von sich abhängig zu machen. Genau dem sollten die *hara*-Übungen bei Dürckheim entgegenwirken. Vielleicht hat er sie in den letzten Jahren durchaus im Gefühl für diese Gefahr schon selber zurückgenommen, wie es seine Nachfolger heute ganz bewusst tun. Die Beziehung zwischen den Lehrenden und den von ihnen Eingeführten allein kann wirkliche Klarheit sichern und menschlich durch die Hindernisse, Versuchungen und Zweifel tragen, die zu den Stationen jedes Weges gehören. Klarheit wird zum Schema, wenn sie verallgemeinert und als Lehre verselbständigt wird. Nur in weiser Abwägung kann, was Zweifel und Hürden überwinden hilft, davor bewahrt bleiben, zur martialischen Durchhalteparole oder zur fanatisierenden Ermutigung zu tendieren. Das Wort vom Begleiten wird heute so oft gebraucht. Um es wirklich mit uns selbst aufzunehmen, um wirklich in der Begrenztheit unserer Kräfte und Anlagen und Bedingungen dennoch auf das Ganze zu gehen, um über dessen Erfahrung falsche Bescheidenheit und Ehrgeiz zu vergessen, dazu bedürfen wir einer anderen Existenz, die sich uns immer wieder für einen Schritt des Weges zum Geschenk macht. Indem der Lehrer, die Lehrerin aus der begrenzten

Weile ihres Lebens uns Zeit zu geben wissen, teilen sie uns den Mut mit, an der je anstehenden Aufgabe uns dem Ganzen zuzuwenden, das ohnehin endlos ist und nur sich uns geben kann, wo wir ihm im recht gelebten Augenblick zu begegnen vermögen.

Dies mit denen, die zu ihm fanden, zu leben, war das Vornehmste und das Berührendste an Graf Dürckheim. Ich kann mir nicht vorstellen, dass ohne das Gemeinsame der Sitzübungen – oder einer vergleichbaren Tradition – diese unerlässliche Verbindung von Nähe und Ferne möglich ist. Brecht nannte es «das Lob der dritten Sache», die uns mit einander verbindet, ohne den psychischen Mechanismen Nahrung zu geben, und uns erspart, uns aneinander zu klammern, weil es keinen Boden, keinen Himmel, keinen Horizont gäbe. Brecht meinte die revolutionäre Veränderung der Gesellschaft gegen die offensichtliche Ungerechtigkeit, Dürckheim die radikale Zuwendung zum Leben, wo es am geheimnisvollsten bleibt. Beide Seiten bedürfen einander in jedem Augenblick und vertragen sich nur in den wenigsten. Im Revolutionären liegt ein Anspruch auf Macht, und Gerechtigkeit blickt immer nach hinten wie ein Engel der Rache. Beide sind notwendig gegen das Bestehende und binden Kommendes an die Zerstörungen der Geschichte. Dürckheim war allen Vorstellungen, ja, allen Wahrnehmungen der Macht so fern, dass er diesem Königsweg des westlichen *ego* gar nicht zu entsagen brauchte, um die Zen-Lehre von der Durchlässigkeit anzunehmen. Genau dies hat ihm, meine ich, gefehlt, um die Widersprüche zu notwendigen Veränderungen der gesellschaftlichen Blockaden des Lebens wichtig genug zu nehmen. Deshalb muss sein Vorbild sorgfältig bedacht werden. Die Gründung aller Schritte und Begegnungen in dem Dritten öffnet ihnen erst den Zugang zum Initiatischen. Nur so können alle verhängnisvollen definitorischen Trennungen von Therapien oder Meditationen oder Propädeutiken gegenüber dem Leben vermieden, verhindert werden, wo sie ständig neu die gesellschaftlichen Trennungen verdoppeln, in denen wir schlecht oder sinnlos arbeiten, um irgendwann zwischendurch einmal leben zu können. Ein entwickeltes und genaues Bewusstsein dieser Trennungen gehört aber zu jeder Wahrnehmung, durch die jenes Ganze in unsere Erfahrung tritt.

Dürckheim hat dieses Bewusstsein durch die unerbittliche Rechenschaft abgegolten, die er sich in jeder konkreten Situation von eindringender Gewalt, Unaufrichtigkeit, Unterdrückung gab. Immer freier folgten im Laufe seines Lebens sachliche Strenge und menschliche Güte dem Wissen von dem Wege, den wir alle für uns selbst finden müssen und der uns, als der Weg der Schöpfung, ebenso gemeinsam ist. Dürckheim hielt es gewiss mit dem Meister, der einen Suchenden tadelte, weil er «bald links vom Fluss, bald südlich des Sees sich herumgetrieben» hatte. Nicht eifriger Wechsel von Methode und Lehrer und Aufgabe beschleunigt den Weg – schon, weil er nicht beschleunigt, sondern nur verweigert werden kann. Aber können wir wirklich hoffen, sollen wir uns vornehmen, gegen gleich welche Verhältnisse unser Unternehmen setzen zu wollen? In den letzten Jahren fragte er mich einmal, wie er das immer getan hatte, woran ich gerade arbeitete. Ich sprach davon, wie der grossartige und arme Schopenhauer, den die Leute für einen persönlichen Pessimisten halten, verzweifelte daran, dass wir uns mit der unerbitterlichen Herrschaft unseres Erkenntnisapparates jede existentielle Gemeinschaft mit der Welt, der Natur, dem Gegenüber zerstört hätten, und dass seine Zuflucht zu einem untätigen Mitleid und zu einer ohnmächtigen Kontemplation die depressive Konsequenz war. Dürckheim sagte nur, «ja, wenn es keine Kultur der Stille gibt...» Darin klangen die beiden Seiten, bedauernd und auffordernd, zusammen: So viel von einer Kultur der Stille im Westen uns selber zu leben möglich ist, zu einer geschichtlichen Möglichkeit beizutragen. Nur das eine sollte nicht über der Behauptung versäumt werden, es komme auf das andere an.

In gewisser Weise wurde mir für die Frage der Lehre eine Begebenheit zum Schlüssel, die ich einem Nachmittag bei Graf Dürckheim am späten Krankenlager verdanke. Er erzählte, wie es sicher die angemessene Weise im Rückblick auf das Leben ist, einmal mehr die Geschichte von dem Ungeduldigen, der keinen Augenblick der möglichen Erleuchtung zu versäumen bemüht ist. Doch diesmal erzählte er sie plötzlich als eine Begebenheit seines eigenen Lebens, dort in Japan. Ihm hatte der vorüberkommende Alte die Hand auf die Schulter gelegt. Ihm hatte er gesagt, «es pressiert nicht». Wie auch in der Dichtung bleibt für dieses Zeugnis offen, wie die äusserste Verbindlichkeit des Erlebens in der ersten Person und die gereifte Geltung der Erfahrung in der dritten Person sich zu einander verhalten mögen; sie fliessen in einander. Nur das eigenste Erleben berechtigt den Lehrer, von einem Allgemeinen zu sprechen. Nur in der allen gewidmeten Form kann die Lebensgeschichte hervortreten. Unsere Lehrer müssen in unseren Problemen ihre eigenen Hindernisse wiederfinden, aber so frei von ihnen, dass sie uns helfen können, die Probleme in Aufgaben zu verwandeln. Unsere Entdeckungen müssen sie mit uns begrüssen können, wie ihre eigenen, aber doch aus dem Wissen, wie sie zu dem Geheimnis führen, das eigentlich allein das Gemeinsame ist, das Dritte und uns jeder und jedem auch eigenste in der Weise, wie wir seine Begegnung erhoffen und erinnern.

Es ist eine wunderbare
Sache, alt zu sein,
wenn man nicht
verlernt hat, was
„Anfangen" heißt.

Im Oktober 2005

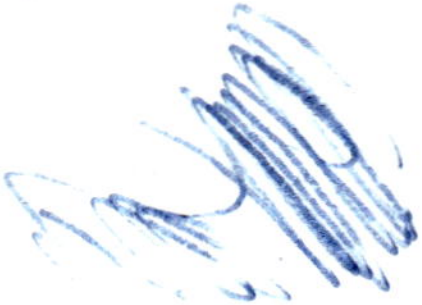

Wolfram Helke

Tusche-Bild und Leib-Gefühl

Oft betrachte ich das Tusche-Bambus-Bild in meinem Arbeitsraum. Es ist ein Geschenk von Graf Dürckheim und zeigt zwei Bambusstämme. Der eine strebt kerzengerade nach oben. Der andere wächst in einem anmutigen leichten Bogenschwung dem Himmel zu. Beide stehen gewissermaßen in einem Gespräch. Ein Aufgerichteter begegnet einem Schwingenden. Fast tanzen die beiden miteinander, denn der straff senkrecht Aufragende ergänzt sich in dem sanft Biegenden.

So oder ähnlich wirken die meisten Tusche-Malereien, die Karlfried Graf Dürckheim über Jahrzehnte, als Exerzitium gemeint, auf japanisches Tuschepapier setzte. Daß diese Malereien so zu den Betrachtern sprechen können, hängt offensichtlich mit der Bewußtseinslage des Malenden zusammen.

Bekannt ist, daß Dürckheim die Behandlungsweise der Personalen Leibtherapie entwickelt und vermittelt hat. Das in dieser Behandlungs-Disziplin erarbeitete Leib-Gefühl wirkt sich auf die Form des Ausdrucks aus, also auch auf die Malerei. Dieses Leib-Gefühl läßt sich auch als ein komplexes Daseins-Gefühl umschreiben. Es ist ein Bewußtsein, das nicht nur im Finger oder im Kopf spürbar ist, – der ganze Leib ist von ihm erfaßt. Und Dürckheim spricht mit dem Wort «Leib» ja nicht nur den organischen Körper an, sondern meint damit die geist-seelische Verfassung des Menschen in seinem Körper. Eine solche Verfassung benötigt jahrelange Übung, eine Bewußtwerdungs-Übung des Leibes. So könnte man auch sagen, das Bewußtsein des Leibes ist schon da, aber der Mensch arbeitet sich erst allmählich aus der Enge seines Körper-Bewußtseins heraus, bzw. er arbeitet sich in sein Leib-Bewußtsein hinein. Dieser Prozeß ist sehr klar im malerischen Ausdruck abzulesen. Die Führung des Pinsels, die daraus entstehende Spur in Tusche zeigt gleich einem Seismographen den Grad der Bewußtheit des Malenden, des sich Bewegenden.

Ein Ziel der Personalen Leibtherapie besteht in der Erfahrung, sich mit dem Boden, der Erde verankern zu lernen, so als wären die Füße und Beine in das Erdreich eingewurzelt. Zu diesem Ziel gehört es, sich in der Mitte des Unterbauches zu empfinden. Dadurch entsteht ein Gefühl für den Beckeninnenraum. Diese Wahrnehmung von Innenraum kann sich in den ganzen Körper ausdehnen. Schließlich entsteht dadurch eine gesammelte Wachheit im Leibe. Diese nennt der Japaner *hara*, also Bauch. Gemeint ist damit nicht nur die körperliche Mitte, bzw. der Balance-Punkt im Unterbauchraum, sondern eine leibbewußte, also körper-seelische Verfassung. Bildlich gesprochen, kann kein Windstoß die Elastizität des lebendigen Gewachsen-Seins umwerfen. Die Qualität dieser gewachsenen Mitte durchdringt den Körper gleichsam bis ins Mark.

So liegt es auf der Hand, daß Dürckheim im Bewußtsein der Gesammeltheit auch in den Tuschemalereien diese kraftvolle Dichte zum Ausdruck bringen konnte.

Betrachtet man ein solches Bambus-Bild, dann steigt ein breiter Pinselstrich maßvoll auf. Er wird abgelöst von einem Wulst, der den Stamm in rhythmischen Abständen unterbricht.

So einfach dieser Wechsel von Stamm-Teil und Wulst anmutet, so treu braucht das Malen eines solchen Bambus-Stammes jahrelange Übung. Der aufwachsende Rhythmus hat einen unsichtbaren Führer, – den Atem. Er spielt eine entscheidende Rolle. Der nach oben gezogene lange Pinselstrich vollzieht sich gleichsam in dem sich ausdehnenden Ausatmen. Durch den sich lösenden Atemfluß kann die Pinselbewegung nicht festgehalten werden. Aus dieser Ausatem-Bewegung entsteht das Schaftstück. Der auf das Schaftstück folgende Bambus-Wulst wirkt wie eine Schwelle, an der sich die Pause nach einem Ausatmen verdichtet.

Das darauffolgende Einatmen bildet den Höhepunkt dieser verdichteten Zäsur. Der satt-schwarze Tusche-Wulst bringt die Intensität der Verdichtung zum Ausdruck. In diesem Einatmen konzentriert sich der Malende auf die neu entstehende Atemsäule im ganzen Rumpf. Das Aufwachsen des nächsten Schaftstückes ist damit in Vorbereitung.

Das kommende Ausatmen wiederum ist Folge der sich lösenden Verdichtung, der Atem wird nicht absichtlich ausgestoßen. In dem sich daraus ergebenden breit ausfließenden Pinselstrich in schattierendem Grau wird die nächste Atemlösung sichtbar.

Exspiration und Inspiration sind eingebettet in einen natürlichen Rhythmus.

Der fließende Atem aus der gewurzelten Mitte bildet auch die Basis einer Leibbehandlung und will seine Pflege. Ist dieses Ziel im Bewußtsein, dann eröffnet sich das Feld zum eigentlichen Kern der Leibtherapie. Alle Sorgfalt gilt nun dem Keimen und Entsprießen der menschlichen individuellen Qualität des Herzens. Das ist natürlich nicht machbar. Stete Pflege, stetes Gießen ist von Nöten. Und plötzlich, wie von selbst wächst ein zarter, duftiger Sproß aus einer tief schwarzen Wulst-Schwelle!

Dazu ein Beispiel: Bei den meisten zu Behandelnden ist der Atemfluß anfangs gestört. Entweder ist er sehr flach, kaum sichtbar oder durch eine überstarke Zwerchfellspannung unterbrochen. Es benötigt viel Sorgfalt, diese Zwerchfell- und Muskelspannungen des Bauches und Unterbauches zur Lösung zu bringen. Ich denke an einen Mann. Er hatte Hochschulabschluß und erlernte danach aus Unzufriedenheit über die bevorstehende Kopftätigkeit ein Handwerk. Da auch hier Unzufriedenheit aufkam, begann er an sich zu arbeiten. In der Leibbehandlung war der Atem anfangs völlig blockiert. Wenn er sich lösen wollte, kamen Zuckungen und ein Zusammenziehen des ganzen Körpers. Als Ursache dieses Muskel-

und Zwerchfellkrampfes stellte sich nach Jahren heraus, daß er dem Vater nichts hatte recht machen können. Wollte der Junge dem Vater bei der handwerklichen Arbeit helfen, wurde er laut und brutal als linkshändisch unbrauchbar beschimpft. So wich der junge Mann auf das Studium aus. Dieses, aber auch das Handwerk brachte ihn nicht an seinen schöpferischen Quell. Im Laufe jahrelanger Arbeit an sich selbst gab der inzwischen Mitte Dreißigjährige nicht nur sein Handwerk weitgehend auf, er verließ auch seinen Heimatort, in dem er von Kind auf lebte. Das Ziel nach seiner Wandlung war, nun nicht mehr ein Werkstück zu behandeln, sondern Menschen. Den Atemfluß, der ihm die seelischen und körperlichen Krämpfe lösen half, wollte er nun selbst anderen Menschen lösen helfen. Diese Wandlung hatte sich der Mann nicht ausgedacht, der Sprung in eine neue unbekannte Lebensstruktur war nicht geplant.

In seinen Atemkrämpfen konnte sich dieser Mann nie eine Atempause gönnen. Erst durch die Lockerung entstand Atem-Raum und dadurch erlebbarer Seelenraum. Erst durch die Lockerung vorgefaßter Pläne gelangte der Mann an seine schöpferische Quelle.

Und wieder zurück zu den Keimen und sprießenden Ästchen, die an einer Bambusschwelle sichtbar werden.

In der Verdichtung einer Atempause, Atemleere, Gedankenleere springt, gleich einem Ärmchen, ein junger Ast aus der Seite eines Bambus-Wulstes, entwickelt Glied an Glied und entrollt in spielerischer Klarheit einen Fächer sich spitzender Blätter. Liegt der ganze Pinsel-Körper auf dem Papiergrund, dann formt sich satt oder grau durchlichtet ein Blatt. Drei oder fünf solcher Blätter wippen an einem zarten Stengelchen. Ihre Grazilität, ihr gesprächiger Reichtum, ihre Entfaltung regen den Betrachtenden an, Bezug zu nehmen, in die tanzende Bewegung einzusteigen, einzuwilligen in die lichtgetränkten Zwischenräume.

Der Bambus war *ein* Thema des Exerzitiums, das Dürckheim ein halbes Jahrhundert begleitete. Dazu gab es ein *zweites* Thema: den Kreis.

Die Komplexität *dieser* Ausdrucksform ist unerschöpflich. Erklärungen sind Worte. Der Ausdruck des Paradoxen umschreibt den Inhalt dessen, was der Kreis bedeuten kann. Als ich einmal einen japanischen Zenpriester nach der Bedeutung des Kreises fragte, hörte ich als Antwort ein Seufzen, dann Stille. – Schließlich kamen Sätze wie: «Der Kreis symbolisiert das Wesen des Selbst».

«Der Kreis symbolisiert das Herz. Das Herz kann alles empfangen und wird damit nicht größer, nicht kleiner, nicht schwerer, nicht leichter.»

«Jede Form, die gar nichts enthält, kann unendlich viel empfangen».

Bezogen auf die Leibtherapie, symbolisiert der Kreis ein Wegziel, welches sich immer und immer ereignen kann als die Sternstunde einer bewußt errungenen geist-seelischen Einkörperung, oder richtiger – im Dürckheimschen Wortsinn – symbolisiert der Kreis die Einleibung. Begibt sich ein Suchender auf den Weg, dann findet er sich zuerst nur in der Dunkelheit. In den Schrecken des Ringens mit der Schwärze des Lebens entdeckt der Mensch schließlich, daß Schwarz die Summe aller Farben enthält. So differenziert sich das Schwarze. Das Leben wird farbig. Am Ende eines solchen Menschenweges stellt sich das Symbol des Kreises. Der Raum in und um den Kreis ist gelichtet. Der Kreisinnenraum wirkt oft lichtstrahlend, umfaßt von dem dunklen bis schwarzen Kreisband.

Dieses Ursymbol erinnert an den Prolog des Evangelisten Johannes:

> «...Und das Licht leuchtet in der Finsternis,
> und die Finsternis hat es nicht erfaßt.»

Der Kreisraum ist das Licht, das in der Finsternis leuchtet.

Die Erfahrungen eines langen Weges finden Fassung, wie

ein Juwel im Ring seine Fassung erhält. Betrachtet man das Leben von Graf Dürckheim, so kann man die Aussage der Kreisform ahnen. Erinnert man sich seiner Stimme, dann eröffnet sich ein unsagbarer Raum. Vergegenwärtigt man sich die tiefe Wärme seines Herzens, dann ist vielleicht die Stille des innersten Lebenskernes da.

Bambus und Kreis gehören zu den klassischen Tuschebildthemen der Zenmeister. Dürckheim als Europäer übte sie in aller Treue und Strenge. In dieser Auseinandersetzung mit den traditionellen Bildformen entwickelten sich bei Dürckheim aber auch Neuschöpfungen. Von diesen möchte ich ein Bild herausstellen.

Es zeigt eine Zusammenfügung von Kreis und Bambus und erscheint mir in seiner eigenwilligen Komposition aus einer urwestlichen Empfindungsquelle geschöpft.

Dieses Werk zeigt den Kreis, in den das Zitat des Bambus eingesetzt ist, ohne den Kreis zu berühren. Der senkrechte Bambusstamm teilt nicht den Kreis, sondern wirkt als in der Mitte stehend, eingesenkt. Der Kreis beschreibt und begrenzt das Wirkungsfeld und den Ausstrahlungsbereich dieses sich selbst meinenden aufgerichteten Bambusstabes. Gleichzeitig nimmt der Kreis die Gerade in sich auf. Durch diese Aufnahme in den Leib-Kreis findet der Stab seinen Bezug und spricht: ICH BIN.

Fünf Augenblicke
mit Karlfried Graf Dürckheim

Meine Erinnerungen an Begegnungen mit Karlfried Graf Dürckheim betreffen die letzten neun Jahre seines Lebens. Schon die erste mit Aufregung erwartete Stunde bei diesem, mir bis dahin durch sein Buch «Hara» bekannten Manne brachte eine entscheidende Änderung in mein Leben. Ich hatte mich zu dieser Begegnung entschieden, nachdem mich seine Texte durch ihre Tiefe und die Vermittlung einer unerschütterlichen Sicherheit berührten. Außerdem beeindruckten mich die Erzählungen von Freunden, die erkennen ließen, daß Dürckheim Erfahrungen in sich tragen mußte, die nicht angelesen oder anerzogen sein konnten, sondern durch die harte Wirklichkeit des Lebens errungen und ertragen worden waren.

Als ich nun Graf Dürckheim zum ersten Mal begegnete, war meine Berührung mit der Zenmeditation noch sehr neu. Ich fand die radikale Schlichtheit dieser Übung sehr ansprechend. Dadurch aber kam ich in ein Dilemma, denn seit mehreren Jahren fühlte ich mich einem indischen Guru und dessen Meditationspraxis sehr verbunden. Viele Phänomene körperlicher Art und eine schier unerschöpfliche Welt der Bilder hatten sich mir in diesen Jahren aufgetan und mich emotional gebunden. Ich fand diesen Reichtum an Erlebnissen keineswegs im Zen und wollte auf die intensive indische Meditation nicht verzichten. So fragte ich Graf Dürckheim um Rat. Eigentlich wollte ich hören, daß sich die beiden Wege vereinen können. Doch weit gefehlt. Dürckheim nannte mir die Adresse eines Menschen, der in der gleichen Richtung engagiert war wie ich, und legte mir nahe, auf diesem nun einmal eingeschlagenen Weg weiterzufahren.

Etwas gefiel mir an dem Vorschlag nicht. Die Weise des

Zazen wollte ich auch nicht so einfach fallen lassen. Dürckheim lockte auf das Feld einer klaren Entscheidung. «Entweder – Oder», tönt mir noch heute in den Ohren. So ging ich aus der Stunde und in mein Zimmer. Dort lag das Bild meines Guru. Lange saß ich davor und – verabschiedete mich von diesem langjährigen Begleiter.

Die nüchterne Realitätsbezogenheit des Zen hatte mich tiefer erreicht, als ich dachte.

Immer wieder erzählte Graf Dürckheim eine sehr eindrückliche Begebenheit. Er erzählte sie so, als hätte er sie ganz frisch erlebt, so als wäre sie erst ein paar Stunden alt. Er erzählte sie so überzeugend, daß sie auch trotz seiner zunehmenden Gehbehinderung ihre Aktualität behielt. Dürckheim befand sich auf einem erfrischenden Spaziergang durch den Wald nahe Bernau. Der Weg verlief eben. Die Vögel sangen. Leichtes Rauschen strich durch die Wipfel der Bäume. Der Atem öffnete die Brust. Da blieb Dürckheim auf einmal stehen und begann zu lauschen. Ein sanfter Wind umwehte sein Gesicht. Der Raum des Waldes gewann Volumen. Die Stimmen der Vögel jubilierten nahe und weit. Und immer wieder dieses beständige krafterfüllte Rauschen. Es durchzog seinen ganzen Leib, es belebte sein Daseinsgefühl, indem er lauschte. Der Wald gewann immer mehr Raum, Atemraum. Die Stämme der Bäume begannen ihre Abstände von einander zu vergrößern. Es war der Zwischenraum von Stamm zu Stamm, der sich mit kraftvoller Weite füllte.

Da fällt mir der XI. Spruch von Lao Tse ein. Auch hier bewirkt der Zwischenraum, daß ein Rad, ein Gefäß, ein Haus in der vom Menschen erlebbaren Realität die von ihm erfaßte Gestalt erhält. Die Realität des Zwischenraumes veranschaulicht, was sonst ungeformte Materie auf der einen Seite bleibt, auf der anderen Seite als unbegreifbare Idee verharren müßte. In die Erfahrung von Zwischenraum fließt die Erfahrbarkeit von Lebenskraft ein. Spüre ich meinen Körper durch den Atem als Raum, so wird mir faßbar, daß mein Körper-Innenraum von Lebenskraft erfüllt sein kann.

Jedesmal, wenn ich zu Graf Dürckheim in die Stunde kam, stellte er mir unter anderem die Frage: «Zeigst Du den Gästen die Übung, bei der Daumen und Zeigefinger zusammengehalten werden, um den Unterschied von Muskelkraft und Versammlung in *hara* zu verdeutlichen?» Jedesmal bekam ich das gleiche peinliche Gefühl, denn ich zeigte diese Übung nicht. Ich fand diese Demonstration von *hara* so mit der Person Dürckheims verbunden, daß ich deren Nachahmung als unstatthaft empfand.

Heute, acht Jahre nach seinem Tod zeige ich diese Übung mit zunehmender Selbstverständlichkeit.

Wir feierten den 90. Geburtstag von Karlfried Graf Dürckheim. Für den Abend war ein Fackelzug vorgesehen. Wir wanderten singend durch die Dorfstraße von Rütte und sammelten uns auf der Wiese vor den Fenstern von Karlfrieds Räumen. Graf Dürckheim kam in Begleitung von Maria Hippius auf die geschlossene Veranda, öffnete das Fenster und hörte unsere Glückwunschrufe: «...viele Jahre Leben, ... Gesundheit, ... mögest Du noch lange mit uns sein! ...». Da unterbrach plötzlich eine gewaltige Stimme den fröhlichen Geburtstags-Reigen und als Antwort auf die Lebenswünsche donnerte Dürckheim: «Meine lieben Freunde, – hundert Jahre werde ich noch leben!»

Die letzten zwei Jahre seines Lebens brachte Graf Dürckheim im Bette liegend zu, teils zu Hause, teils im Krankenhaus. Als ich Graf Dürckheim gegen Ende dieser schweren Zeit wieder einmal besuchte, schien es, als wäre er abwesend, vor sich hindämmernd. Gleichzeitig aber wirkte etwas in diesem Menschen wie ganz gesammelt da. Ich stellte mich vor ihn hin und begann laut zu sprechen: «Karlfried, ich danke Dir. Ich danke Dir für alles, was ich durch Dein Dasein erfahren durfte. Auch jetzt fühle ich mich beschenkt durch eine Kraft, durch Deine Kraft, in deren Raum ich stehe.»

Wilfried Seeba

Zu einigen Tuschmalereien Karlfried Graf Dürckheims

Ein alter Mann – fast blind – malt mit Pinsel und Tusche Zeichen auf Reispapier. Ich starre auf Abbildungen dieser Blätter und horche auf Antwort.

Schwarz und Weiß – das ist Zen, sagt mir eine Japanerin, als ich ihr die Bilder zeige. Wenn ich diese Bilder ansehe, empfinde ich Ruhe und Kraft, sagt sie.

Im Westen werden diese Malereien meistens mit den Mitteln der Kunstbetrachtung beschrieben, aber sie sind keine Kunstwerke in unserem Sinn, sagt ihr Mann.

Immer, wenn ich einen Satz forme, um etwas über diese Blätter zu schreiben, sagen sie nein. Aber ich merke, wie sie beginnen, meine Sprache zu prägen. Als wollten sie sagen: Du kannst uns näherkommen, aber nur auf unsere Art. Gleichzeitig ist der Prozeß des Malens, sogar seine Dauer, in ihnen vollkommen transparent aufgehoben. Ich beginne damit, ihn, in Sprache gefaßt, zu wiederholen.

Ein Kreis. Der Pinsel setzt auf, gefüllt mit Tusche. Im zweiten Viertel bricht der gleichmäßig breite, noch schwarze Zug leicht am äußeren Rand, schließt sich wieder und wird nun ganz kontinuierlich heller. Im letzten Viertel läuft er aus, nur um einen Hauch von Tusche verbreitert. Sein Ende liegt neben dem Anfang. So bleibt der Kreis offen wie der Beginn einer Spirale. Die Nässe der Tusche zieht das Reispapier zusammen und bildet Falten, die von dem äußeren Rand des Kreises abstrahlen. Wäre es der subtile Versuch, unter äußerster Reduktion eine Sonne zu malen, könnte man ihn vollkommen gelungen nennen.

Der Kreis, das *enso*, ist in der Malerei der Zen-Mönche das Symbol des vollkommen leeren Geistes, Symbol des Zustandes also, den die Praxis des Zazen, der Meditation, anstrebt. Träger der Bedeutung ist dann nicht so sehr der Kreis, sondern das, was er umschließt und was ihn umgibt: das leere Papier. Andererseits hebt erst der Kreis die Leere in ihm ins Bewußtsein, so wie das leere Papier die Kraft seiner Gegenwart erst hervorruft. So bleibt das Zeichen in einer seltsamen Schwebe, denn seine Substanz ist eigentlich substanzlos. Das enso verweist auf sein leeres Inneres und das wiederum auf seine Eingrenzung. Die Substanz pulsiert zwischen Kreis und Papier und hat keinen fest definierten Ort. Ebenso wenig greifbar ist die Bedeutung. Sie bietet sich lediglich als vollkommene Abwesenheit von Etwas der Vorstellung dar. Ohne ihr Gegenbild, die Fülle, entzieht sie sich der Imagination.

Wenn ich dieses *enso* ansehe und zu deuten versuche, läßt es mich auflaufen. Und in dem Maße, wie es sich einer Interpretation entzieht, steigert sich seine Präsenz. Ich wende den Blick ab in die Vergangenheit.

In der ersten Hälfte des siebzehnten Jahrhunderts malt Isshi Monju, Abt des gerade gegründeten Reigen-in Klosters in Kyoto und später Erneuerer des Eigenji Tempels in Omi, ein Blatt mit einem dünnen Kreis, umgeben von Schriftzeichen:

Sieh doch, sieh. Die wirkliche Buddha-Natur entzieht sich dir nicht, noch verschließt sie sich vor dir. Öffne die Augen, du Narr!

Ein schwerer tuschegefüllter Kreis von Hakuin Ekaku, dem Erneuerer des Shoinji-Tempels in Numazu und Reformer des Zen im 18. Jahrhundert. Das Blatt trägt die Aufschrift:

Enshu Hamamatsu ist das Land des guten Tees; ich möchte, daß die Mädchen hinausgehen und ihn pflücken.

Ein geschlossener Kreis von Seisetsu Shucho, Zen-Lehrer in den Tempeln Enkakuji, Tenryuji und Shokokuji um 1800, mit dem *san*:

Mein Herz ist wie der Herbstmond.

Sengai Gibbon wurde Anfang des 19. Jahrhunderts zum Abt des ältesten japanischen Zen-Tempels, des Shofukuji, gewählt. Er verbindet das Bild eines Kreises mit den Worten:

Iß dies und trink eine Tasse Tee.

Taigen Shigen, Mönch im Tempel Sogenji im Land Bizen Anfang des 19. Jahrhunderts, schreibt unter sein *enso* einfach: *Was ist dies?*

Und Kato Kozan malt fünfundneunzigjährig im Jahr seines Todes 1971 ein *enso* und schreibt dazu: *Alles ist rund und erfüllt.*

Ein kurzer, dicker Bambusstamm. Wieder versuche ich vom Blatt zu lesen, wie Dürckheim ihn gemalt haben mag: Aufsetzen des Pinsels. Leichtes Anheben, Ziehen, Aufsetzen. Versetzen, Aufsetzen, Ziehen, Aufsetzen. Versetzen, Aufsetzen, Ziehen und Abheben. Ein Rhythmus des Malens, und sicherlich auch des Atems, der dem Rhythmus des Wachstums entspricht. Ein Anfang, aber kein eigentliches Ende. Der auslaufende Strich suggeriert Fortsetzung und Weiterwachsen. Die Falten des Papiers laufen auf die Pole zu wie in einem Magnetfeld. An den beiden Ringen des Stammes kleine Schwünge – Blätter.

Ein längerer Bambusstamm – ein Zug ohne Absatz, der an den Ringen leicht zur Seite schwingt. Feine aufgesetzte Querstriche bilden die Ringe, kurze Schwünge die Blätter. Zwei lange, dünne Bambusstämme mit Blattwerk. Der eine dunkel und massiv, der andere nur eine Spur halbtrockener Tusche, berühren sie fast die Ränder des Blattes. Der Schwung des Blattwerks läßt den Wind hören.

Die Darstellung von Bambus hat in japanischen und chinesischen Geschichten eine lange Tradition. Sein Symbolgehalt innerhalb dieser Kulturen hat viele Facetten: er kann Bescheidenheit, Alter, Fröhlichkeit, Nahrung, Frieden, Männlichkeit und vieles mehr bedeuten. Zweifelhaft ist, ob er deswegen für Dürckheim zum Motiv wurde und ob man angesichts seiner Bambusbilder überhaupt von einem Motiv sprechen kann. Wichtiger als seine fernöstlichen Konnotationen ist wohl die Form des Bambus, Stamm und Blätter, die für Tuschmalerei und Kalligraphie in China und Japan geradezu zum Leitbild wurde.

In der Zen-Malerei erfährt der Bambus eine weitere Stufe der Vereinfachung und verbindet sich mit anderen Inhalten. Dürckheims Bambusstämme sind bis auf einen Zug reduziert, Spur eines Ausatmens. Als pures Zeichen von Existenz scheinen sie – zunächst dem *enso* als Zeichen der Leere entgegengesetzt – zu sagen: Ich bin. Sie repräsentieren gerichtete Kraft, Wachstum, Leben. Mit ihrer dreigeteilten Körperlichkeit erscheinen sie mir wie Abstraktionen der menschlichen Gestalt. Die Bedeutungen mit denen sich der Bambus im Zen verbindet, sind ebenfalls vielschichtig.

Ein Blatt mit einem Bambusstamm, einem Stein, einigen Blättern von Isshi. Der Stamm ist breit und besteht aus drei Segmenten wie die beiden breiten Stämme von der Hand Karlfried Graf Dürckheims. Das *san*, die Bildaufschrift, weist auf die Geschichte des Mönchs Hsiang-yen. Als er den Boden des Klosterhofes fegt, springt das Bruchstück einer Bodenfliese gegen einen Bambusstamm. Der helle Ton des Aufpralls löst den satori, eine blitzartige Erleuchtung, aus.

Suio Genro, im 18. Jahrhundert ein Schüler Hakuins, der ihm kurz vor seinem Tode sein Amt übergibt, wird später Hauptpriester des Shoinji. Auf einem seiner Bilder repräsentieren kurzer Bambusstamm und Besen den legendären chinesischen Zen-Mönch Han-Shan (jap.: Kanzan), einen Dichter des 7. Jahrhunderts, und den Tempeldiener Shih-Te (Jittoku), der ihm in einem Bambusgefäß sein Essen, Reste aus dem Tempel, in seine Einsiedelei brachte. Die beiden werden oft als lachende Exzentriker im Gespräch oder in Doppelbildnissen dargestellt.

Sengais Blatt mit drei Bambusstämmen und einem windgebogenen Zweig mit Blättern trägt die Aufschrift:

Für wen, diese kühle erfrischende Brise?

Weltliche Bilder sind wie schöne Frauen, die es hassen, wenn andere über sie lachen; aber meine Zeichnungen sind wie Komödianten, die es lieben, wenn über sie gelacht wird.

Lao-Tse sagt: «Wenn gewöhnliche Sterbliche mich ansehen, lachen Sie». Das ist der Beweis.

Ein anderes Bild Sengais zeigt zwei Stämme mit Blättern, in denen ebenfalls der Wind spielt. Sie berühren sich unten und wachsen nach oben auseinander. Der *san:*

Dicke Bambusstämme / jeder steht einzeln. / Füge ihre Wurzeln zusammen / und alles ist gut in den Bergen und Flüssen.

Wiederum drei Bambusstämme, diesmal Windstille, und die Aufschrift:

Bambus-Schößlinge? / Sie müssen zur Moso-Familie gehören / wenn sie schon so früh da sind.

Zwei der Blätter Dürckheims verbinden *enso* und Bambus. Das eine: ein Bambusstamm, ein Zweigende mit fünf Blättern, ein Kreis. Der Bambus, schwarz mit Bruchstellen, die Lichtreflexe evozieren, drängt nach vorne. Seine drei Abschnitte sind zur Seite versetzt. Die Blätter öffnen sich auf den Kreis hin. Er ist nur mit halbvollem Pinsel gemalt, leichter, grau, zurückgenommen. Ein Mond? Zwei einfache Zeichen stehen nebeneinander. Eins und Null, Existenz und Leere. Der kleine Zweig scheint nach einer Verbindung zu tasten.

Das andere: ein ganz kurzer Bambusstamm im Kreis, wie ein Bild im Bild, oben und unten querliegende Zweige. Der Kreis ist vielfach gebrochen. Das eine Zeichen umschließt das andere.

Das siebte Blatt scheint die Kreisform und die gerichtete Kraft der Stämme zu einer Synthese zu verbinden. In dieser Verbindung werden beide zu einer neuen merkwürdigen Form: ein verschlungen gewachsener, gedrungener Baum mit jungen Trieben nach oben. Die Schlingen seines Stammes lassen mich an Hakuins Sanskritzeichen denken.

Von Isshi gibt es ein *enso*, das die ebenfalls in einem Zug mit roter Tusche gemalte Umrißform eines meditierenden Bodhidharma umschließt. Es erinnert an Dürckheims Bambus im Kreis. Der Teemeister Kabori Enshu hat es mit den Worten beschriftet:

Die abgeworfene Hülle der Zikade. Ist sie Buddha-Sakyamuni? Ist sie Bodhidharma? Ist sie eine Blume? Ist sie ein Ahornblatt?

Die Bedeutung der Form wird in Frage gestellt. Sie verflüchtigt sich und das Auge beginnt, die Substanz der Form selbst zu sehen, ohne sie interpretieren zu wollen.

Die Aufschriften der zitierten Bilder geben ein breites Spektrum von Richtungen, sich mit den einfachen Formen von Kreis und Bambus auseinanderzusetzen, vielschichtige Assoziationsfelder, aber keine Erklärungen oder Deutungen. Einige richten den Geist auf die Geschichte oder auf Legenden des Zen. Andere gleichen philosophischen Reflexionen, wie Sengais Gedanken über seine Malerei und das Lachen. Wieder andere fügen der Geste, die das Bild erschafft, einen Gedanken hinzu, dessen einzige Verbindung mit dem Bild der Augenblick der Entstehung ist, wie Hakuins Gedanke über den Tee und die Mädchen. Einige reflektieren das Sujet und unterstreichen seine Präsenz, wie Sengais *san* über die Bambus-Schößlinge, andere die Befindlichkeit des Malers: *Mein Herz ist wie der Herbstmond* oder *Alles ist rund und erfüllt.* Und schließlich wird der Betrachter direkt angesprochen mit Aufforderungen wie: *Sieh doch, sieh...! Iß dies...!* oder der Frage: *Was ist dies?*

Dürckheims Blätter verzichten auf Worte. Der Eindringlichkeit ihrer einfachen Formen sind sie dennoch eingeschrieben. Die exzentrische Geste, die den kleinen Baum schreibt, fragt gleichzeitig: Was ist dies? Die monolithischen Formen der zentral gesetzten Bambusstämme und des Kreises, der bannt, ohne zu bedeuten – kaum erträglich für den westlichen

Geist – sie sagen: Iß dies! Jedes einzelne Blatt ist eine Aufforderung, die Augen zu öffnen bis zum lidlosen Blick des Bodhidharma und die Leere im Innern des Kreises zur Leere im Innern des eigenen Geistes werden zu lassen.

Es scheint, daß eine Annäherung an den Gehalt der Bilder der Zen-Mönche und ganz sicher an den Gehalt der Bilder Dürckheims den Blick abwenden muß vom Sujet. Nicht der Kreis, sondern die Leere, die er umschließt. Nicht der Bambus, auch nicht sein Abbild, sondern die Geste, die ihn entstehen läßt. Der Zustand eines Geistes, aus dem eine Form entsteht, die eine reine Spur dieses Geistes, ein ganz unmittelbarer und von keiner Reflexion gebrochener Ausdruck ist. Nicht nur des Geistes, sondern auch des Körpers, der atmet, und der Hand, die den Pinsel führt. Geisteshaltung, Atem und Geste sind im Bild vollkommen gegenwärtig. Es entspricht dem, was Roland Barthes «einen vollkommen lesbaren Diskurs» nennt (s.u.). Aber eine Annäherung fordert von uns zunächst einen veränderten Blick, der danach fragt, was ist, nicht danach, was es bedeutet. Er muß sich auf die Zwischenräume richten, auf die Vorgänge und Ereignisse. Nicht auf die Knotenpunkte, die fest umrissenen Gegenstände, die klaren und schwerwiegenden Signifikate. Dürckheims Bilder fordern aktiv diesen Blick. Sie fordern uns auf, unser kulturelles Paradigma zu verlassen, das eine solche Wahrnehmung kaum zuläßt.

Roland Barthes' Beschreibung des Haiku, des kurzen japanischen Dreizeilers, der ebenfalls aus der Kultur des Zen entstanden ist, scheint mir hilfreich zu sein, einen Weg zu einem Verständnis der Bilder Dürckheims zu finden:

...die Wege der Interpretation, die bei uns dazu bestimmt sind, den Sinn zu durchdringen, d.h. in ihn einzubrechen – und nicht, ihn zu erschüttern und ausfallen zu lassen... – die Wege der Interpretation können den Haiku mithin nur verfehlen... Die Kürze des Haiku ist nicht formaler Natur; der Haiku ist kein reicher Gedanke, der auf eine kurze Form gebracht

wäre, sondern ein kurzes Ereignis, das in einem Zug seine richtige Form findet.

Die Arbeit des Haiku liegt darin, daß die Befreiung vom Sinn durch einen vollkommen lesbaren Diskurs erfolgt (ein Widerspruch, welcher der westlichen Kunst versagt ist, da sie den Sinn nur in Frage zu stellen vermag, indem sie ihren Diskurs unverständlich macht)...

... der Blitz des Haiku erleuchtet, enthüllt nichts; er ist der Blitz eines Photos, das man mit größter Sorgfalt (auf japanische Art) aufnähme, während man doch vergessen hätte, einen Film einzulegen.

So weist der Haiku den Weg zum *satori*, das Barthes als ein Ereignis beschreibt, das

...nichts mit einer erleuchteten Versenkung in Gott zu tun hat, sondern ein *Erwachen vor der Tatsache* bedeutet, *ein Ergriffensein von der Sache als Ereignis und nicht als Substanz.*

Der Haikudichter Basho schrieb:

Wie bewundernswert ist doch,
Wer nicht denkt: «Das Leben ist vergänglich»,
Wenn er einen Blitz sieht.

Und der sechste Patriarch des Zen, Hui-Neng, empfiehlt den Meistern:

Wenn jemand euch in der Frageübung nach dem Sein fragt, so antwortet mit dem Nichtsein. Wenn er euch nach dem Nichtsein fragt, so antwortet mit dem Sein. Wenn er euch nach den gewöhnlichen Menschen fragt, so sprecht ihm vom Weisen...

Diese Methode soll die Mechanik der Sinngebung aushebeln und den Geist zu jenem leeren Spiegel machen, den kein Sinn mehr trübt.

Die Blätter Dürckheims lassen unsere Sprache verstummen, die von Subjekten und Bedeutungen, von der Manie des Kommentars, der Erklärung, der Sinngebung beherrscht wird. Der Aufforderung: Sieh! können wir nur in dem Maße nachkommen, wie wir aufhören zu deuten und den inneren Monolog zum Stillstand bringen. Was wir lernen können, ist, Menschen und Ereignisse wahrzunehmen, ohne daß sich unsere inneren Bilder, Vorurteile und Gedanken, unsere Kategoriensysteme, gleich zwischen das Erleben und das Erlebte schieben. Dürckheims Bilder fordern uns diese Leistung ab.

Was wir sehen können, sind auf Reispapier gemalte Züge, die keine Zeichen sind, weil sie auf nichts zeigen, als auf den Vorgang selbst. Ganz sie selbst offenbaren sie ihre Schönheit. Der Weg einer Hand, die Geste eines Augenblicks, ein Zug in Tusche. Die Spur eines Geistes, der nicht zögert.

Literaturangaben

Die Bildaufschriften wurde zitiert nach:

Yasuichi Awakawa
Zen Paiting
New York 1982

Zen und die Künste
Katalog einer Ausstellung
im Museum für Ostasiatische Kunst, Köln 1979

Daisetz T. Suzuki
Sengai – The Zen Master
London 1971

Kurt Brasch
Zenga
Tokyo 1981

Diese Werke enthalten auch die angesprochenen Bilder.
Die Zitate über das Haiku von Roland Barthes entstammen seinem Werk Das Reich der Zeichen (Frankfurt am Main 1981), S. 94-115
Dieses Werk enthält ebenfalls den Haiku von Basho (S. 99) und die Anweisungen des sechsten Patriarchen (S. 100).

Foto: Louise C. Oldenbourg

Frédéric Lionel
DIE SUCHE NACH DEM ZEITLOSEN
152 S., franz. brosch., DM 19,80

»Das Buch stellt eine Komposition von vierzehn Essays dar, in denen der Autor eine Brücke schlägt zu dem lebensspendenden Quell uralter Seinserfahrungen. Wie es der Titel ahnen läßt, liegt es in Lionels Bestreben, Einsicht in einen Wirklichkeitsbereich zu geben, der Wahrheits- und Ewigkeitsgewißheit künden kann.«

HOLOGRAMM

»Lionel spricht in diesem Buch zu seinen Lesern als Mystiker, der nie müde wird, auf die Bedeutung des Ewigen, des Göttlichen, Allumfassenden aufmerksam zu machen. Überall in der abendländischen Tradition, der Zahlenmystik, der Philosophie und besonders auch in der antiken Mythologie versteht er, die Spuren der menschlichen Suche nach dem Zeitlosen aufzuzeigen.«

UNICORN

»Alles zusammen ergibt ein faszinierend lesbares Weisheitsbuch...«

NEUE DEUTSCHE HEFTE

N.F. WEITZ VERLAG · AACHEN